对外汉语教学探究

面向东南亚的汉语教学思考和实践

袁柳·韩明 著

广西师范大学出版社
·桂林·

图书在版编目（CIP）数据

对外汉语教学探究：面向东南亚的汉语教学思考和实践／袁柳，韩明著. -- 桂林：广西师范大学出版社，2024. 12.

ISBN 978-7-5598-7686-7

Ⅰ. H195.3

中国国家版本馆 CIP 数据核字第 20249QV990 号

对外汉语教学探究：面向东南亚的汉语教学思考和实践

DUIWAI-HANYU JIAOXUE TANJIU：MIANXIANG DONGNAN YA DE HANYU JIAOXUE SIKAO HE SHIJIAN

出 品 人：刘广汉

责任编辑：李　梅

助理编辑：尤　佳

装帧设计：张　猎

广西师范大学出版社出版发行

（广西桂林市五里店路 9 号　　邮政编码：541004）

（网址：http://www.bbtpress.com）

出版人：黄轩庄

全国新华书店经销

销售热线：021-65200318　021-31260822-898

山东临沂新华印刷物流集团有限责任公司印刷

（临沂高新技术产业开发区新华路 1 号　邮政编码：276017）

开本：720 mm×1 000 mm　1/16

印张：13　　　　　字数：200 千

2024 年 12 月第 1 版　　2024 年 12 月第 1 次印刷

定价：58.00 元

如发现印装质量问题，影响阅读，请与出版社发行部门联系调换。

本书系国家社科基金项目"基于文化认知的东南亚汉语教材本土化模式及效果提升研究"（立项编号：19BYY044）的研究成果

目 录

第一编　探索编

第二编　技能编

编外编　交流编

通论：跨文化交际的认识误区及其纠错

——兼谈中外同类事例的文化差异

通论：跨文化交际的认识误区及其纠错
——兼谈中外同类事例的文化差异

通论：跨文化交际的认识误区及其纠错

——兼谈中外同类事例的文化差异

摘要:不同的国家有不同的文化语境和价值准则,不同的族群有不同的生活习惯和行为方式。在跨文化交际过程中,由于一些特定的手势语言、花卉鸟兽所形成的文化符号、人情往来的礼节方式,某些数字象征的意旨,语气、语感和措辞引起的偏见和误会,面对这些容易出现的认知偏见,必须引导涉外人员增强跨文化交际的意识及敏感度,学习和借鉴成功的纠错经验,提高纠错能力,消除认识误区,实现预期的目标和任务。

关键词:跨文化交际;文化差异;认识误区;纠错;消除偏见

进行跨文化交际活动的能力,是涉外人员(包括外事专职人员、涉外业务人员、海外留学生以及汉语国际教育专业学生等)应当具备的素质和技能,而认清跨文化交际的障碍则是培养和提升跨文化交际意识的第一步。不同文化语境的人们所造成的妨碍沟通顺畅进行的因素,形成跨文化交际的障碍。胡文仲在《跨文化交际学概论》一书中认为,跨文化交际的心理障碍归根到底来源于认识误区(偏见),这是最突出的一种心理障碍。[1]

任何一个族群文化中都存在适合一切人类的根本性的要素,都有一定的内容和形式是公共的与普同的,比如带有共同性和普适性的生活规律,每天进餐的习惯,以被子保暖的传统,以衣遮羞的风俗,以马以车作为代步和生产工具,还有绘画、诗歌、音乐和舞蹈等艺术形式,游戏和节庆等娱乐活动,等等。由此可见,南方北方,道术也似,东海西海,心理攸同,各种各样的族群文化之间均有貌似不同,但是心同理同之处。也就是说,如果从哲学层面上进行最高的概括和总结,确实可以采用一种进行通则解释的模式,去概括各种族群文化之间具有普遍意义的东西。

然而,必须指出的是,普同性是存在的,同样,差异性也是存在的。转换另外一个视域,从比较研究的角度去观察,就会发现不同的族群文化之间的差异还是非常大的。以传统住宅的小院子为例,外国人多喜欢种花卉,而华人则多种瓜果蔬菜。"洋人种花,唐人种瓜"这样一种文化现象的背后,是不同的文化传统习惯使然,必须具体问题具体分析。无论一概"以外观中",还是一律"以中观外",进行笼统地解释,都是不切合具体实际、抓不住要领的。

第一节　跨文化交际中容易出现误会的手势语

每一个族群都有不同于其他族群的心理结构、思维方式、价值观念、道德标准、审美情趣和行为习惯等,有的民族的表情、躯体动作(包括手势语)所表达的意思有其独特的内涵。比如许多民族通常习惯以摇头表示否定,但也有的民族以此表示肯定。"OK"这个英语单词表示"事情的状态可以接受""好的""行""不错""承认"等,它早已变成美国人日常生活的口语,得到大家一致的接受和认可,成为世界上普及率最高的单词,在联合国根本不用翻译,每个人都懂得它的意思。但是,也有不少的国家和地区,"OK"这一手势语却代表完全不一样的含义。日本人觉得"OK"的手势像一枚钱币的样子,用它代表"金钱"。在法国和比利时,这个手势表示"不赞成",表示"零""毫无价值",说某一件事"不值一提",别人是"一文不值的废物"。在突尼斯、土耳其、马耳他、希腊以及意大利的撒丁岛,这个手势是表示恶毒的、污秽的意思,一般用来骂人。在巴西,"OK"是粗俗下流的,类似于"吻我的屁股"的意思。这些国家的寓意与美国的寓意相比较,内涵完全不一样,要注意分辨。

竖起大拇指这一手势语言,在中国表示"完全正确""非常出色""为你点赞""顶呱呱""了不起""干得好""真能干"等意思。在深受英语文化影响的美国、澳大利亚、新西兰、南非,它除了表示"没问题""不错""好"的意思以外,还是企图搭便车的旅行者专用的手势礼仪,以此动作向往来车辆的司机示意拦车,希望借风搭便车。但是,同样一个手势,在不同的国家或地区,由于风俗习惯的不同,它所表示的意思就会明显不同。在伊朗和伊拉克,竖大拇指这个手势,千万不能随便乱用,因为它是向别人挑衅的动作。在希腊以大拇指向前的动作表示"你吃饱了撑的"。在非洲西部、俄罗斯、撒丁岛,这个动作表示叫人"滚蛋""滚一边去"。

V字形手势分为正面与反面两种。正面的V字手势以手心对外,手背对自己。这一习惯性手势语最早起源于欧洲,拉丁语的"胜利"及其后来的英语、法语"胜利"的第一个字母都是V,随着历史的迁移,V字手势的正面逐渐演变成表情达意的体态语言流行开来,成为一种广泛用于人际交往的手势语。它在英国、爱尔兰、美国、澳大利亚、新西兰、南非表示"成功""胜利",有的还表示"和平",表示数字"二"。而反面的V字手势(即以手心对内,手背向外,竖起并张开食指与中指)则是表达负面的信息,是粗野之举。在爱尔兰、新西兰和澳大利亚,反面的V字手势是说脏话骂人的肢体语言,是辱骂对方的意思。在希腊,此手势是不礼貌的身体语言,是侮辱、藐视对方的粗暴动作,表示对方是魔鬼、邪恶之人。

竖手掌的手势，即掌心对外、五指并拢竖直这个动作，在不同地方有不同意思。这个手势在中国很常见，用于叫人停车。然而，在希腊这个手语动作却充满恶意，传递的信号是叫人"去死吧"。美国人经常使用这样一个手势——双手伸开、掌心向下、五指张开，示意大家"安静"，叫人们"少安毋躁"。而在希腊这个手势却是"吃屎"的意思。在韩国不能伸出一根手指头指人，如果想要指对方，要伸出手掌，掌心向上，对着对方。如果想要招呼对方过来，手心要向下。还有弯曲食指的动作示意，英美人反复勾起食指表示招呼别人"过来""到这儿来"。可是，在菲律宾这个手势是专门用来叫狗的，要是用来招呼人，就有可能受罚，甚至被拘捕进监狱。在泰国，对成年人打招呼，一般以双手合掌放在胸前，表示敬意。他们将头部看作最神圣的部位（灵魂所在之处），即使对熟识的朋友和儿童，也不能抚摸他们的头部。马来西亚也有类似的习俗，不可随便触摸他人的头部，不可随意以食指指人。马来人还认为左手是不洁的，所以不用左手接受和递送东西。

古今中外，人们都使用手或手臂所显示出来的动作示意，用手做姿势来传播信息，或指点想表示的东西。手的构形、位置、移动和朝向这四种参量所构成的某种特定手势，有其专门的动作规定，有标志性的动作区别，形成各种不同的专用手势，成为通过手势操作的交流方式，即手势语表达系统代替口语进行人际传播。有些时候有些场合，用动作传递信号的手势语是更加简捷高效的表情达意的手段，为日常生活提供更多样、更简明、更方便的传播方式，能够让大家彼此都可以理解，成为肢体语言的重要组成部分。由此看来，一方面，人类具有很多普同之处。然而，另一方面，不同的国家、不同的族群，人与人之间对彼此行为的反应及其沟通的模式又存在着明显的差异，比如情思上互动的习惯、手势互动的方式就不太一样，因此，必须拥有正确认知，并加以区别对待，以免陷入误区，引发矛盾。

第二节 跨文化交际中容易引起
误会的花卉鸟兽符号

与前述文化事例相似的例子还有很多。比如日本与中国都属于佛教文化圈,还同属于汉字文化圈,但是,日本对待荷花的文化心态与汉字文化圈的其他国家全然不同。

佛教最早发源于印度境内,慢慢兴盛起来,并逐渐流传到不丹、斯里兰卡、新加坡、泰国、柬埔寨、老挝、缅甸、越南、中国、朝鲜、日本、蒙古国、西伯利亚,成为世界性的宗教。时过境迁,佛教在印度国内逐渐没落以后,世界佛教的中心迁移到中国。佛教注重人德行的修炼与内心的觉悟,寻求宇宙与生命的真谛,它在中国长期同儒家和道家的思想相互融合,最终形成中华民族儒释道三大主流文化。佛教文化深入社会生活和精神世界的各个领域,对整个汉字文化圈的哲学、文化、艺术、社会风俗习惯等方面产生了重大深远的影响。

在印度荷花被视为佛祖诞生的象征,是圣洁吉祥之物,是佛教的圣花之一,大多数佛像都是莲台(由荷花花瓣组成的基座)坐像。荷花是佛教的象征,是印度与越南的国花,在中国、印度、泰国、埃及、瑞典等国都有很高的评价。荷花精神还体现了汉字文化圈传统的心理模式。荷花有红、紫、白等花色,在生存环境中出淤泥而不染,生长习性叶繁密而不冗,开花的风采濯清涟而不妖,外延既圆润又梗直,而内涵则融会贯通,象征亭亭玉立的精神风貌,清新纯洁的品质,幽香淡雅的神韵。荷花文化渗透农业、医药、饮食、建筑、文艺、工艺等领域,在其间发挥了重要作用。日本与中国虽然同属于汉字文化圈,但是,在日本人的传统观念里,荷花被视为妖花和丧花,象征死亡,只有祭奠、葬礼才用,是带有忌讳意味的花。

再来看一下,中日和另外一些国家的菊花所代表的含义,也有明显的不同。菊花原产自中国(现已遍及世界各地),适应性好,喜凉耐寒,萌发力强,生长旺盛。农历九月初九重阳节前后开花,因为谐音久久,在中国象征吉祥、长久、长寿之意,形成松菊永存之喻,所以有重阳节赏菊和饮菊花酒的习俗。菊花在深秋时节开放,顺应时间秩序和生命节律,具备耐清寒傲风霜的坚贞习性、柔和幽静隐逸的品质、疏散恬淡素雅的风采,被誉为"花中四君子"(梅兰菊竹)之一,屈原、陶潜等古代诗哲都留下咏菊的千古名句。菊花花瓣繁多,生命力旺盛,蕴含多子多孙多福、家族长久兴旺之意。除此之外,菊花在寒秋冷风中一花独放,隐含幽香,因带有追悼逝者的哀挽寓意,常用来做祭祖法事的供花,葬礼或扫墓的墓前献花。

日本对待菊花的文化观念和生活态度与中国非常相似。美国文化人类学家鲁思·本尼迪克特有一部著作名为《菊与刀》,书中对日本文化与民族性格进行深入而独到的剖析,将菊花视为日本人的文化象征。在日本,皇室将菊纹图案印在车舆、家具、用具与服饰上,成为皇家家徽与皇室象征,所以日本的王朝也被称为菊花王朝,日本政府以菊花纹章作为国家的徽章、印章[2],如国家最高勋章菊花大绶章的标志、国家货币的图纹、日本护照封面的标识都印有菊花。与此相应,日本国民也非常推崇菊花,有种菊的习惯,以之作为寄托情思的重要媒介。菊花盆栽成为日本和式园艺的核心。

但我们也必须看到,不同的族群、不同的国家,对待菊花的文化态度是有明显差异的。和中日迥然不同,在意大利与拉美国家,菊花并没有那么丰富而美好的文化内涵,往往被视为妖花,仅用于灵前和墓地。菲律宾人也不推崇菊花,他们将茉莉花尊为国花。

蝙蝠作为一种文化象征符号,在不同的国家也有不同的文化差异。蝙蝠长有翼膜,具备飞行功能,分布范围非常广,适应性比较强。在中国,蝙蝠的"蝠"与"福"同音,因此普遍受到推崇。蝙蝠和寿桃、石榴加在一起,象征"多福""多寿""多子"之意。蝙蝠加上"万"字一块构成"福寿万代"的吉祥图案,同桂花一道形成"富贵"的祝愿图案,与梅花鹿、寿桃、喜鹊一起作为吉祥物,共同组成"福禄寿禧"的恭喜图案。正如鲁迅先生说过的:"蝙蝠虽然也是夜飞的动物,但在中国的名誉却还算好的……大半倒在他的名目,和'福'字同音……实在就靠着名字起得好。还有,是中国人本来愿意自己能飞的,也设想过别的东西都能飞。道士要羽化,皇帝想飞升,有情的愿作比翼鸟儿,受苦的恨不得插翅飞去……青蚨飞来,则眉眼莞尔……虽然不能够做,却能够想,所以见了老鼠似的东西生着翅子,倒也并不诧异,有名的文人还要收为诗料,诌出什么……佳句来。"[3]因此,从古至今,蝙蝠的形象经常出现在工艺美术品和生活用品上。蝙蝠在中国的名誉是正面的、积极的,具有如意幸福的寓意。

但是鲁迅还说,西方人"不喜欢蝙蝠。推源祸始,我想,恐怕是应该归罪于伊索的寓言"[4]。"人们对于夜里出来的动物,总不免有些讨厌他,大约因他偏不睡觉……在昏夜的沉睡或'微行'中,怕他会窥见什么秘密罢。"[5]

由于蝙蝠的西文名字原意是轻佻的老鼠,再加上其貌不扬,又有白昼潜伏、黑夜游荡的生活习性,像幽灵一样,让人感到阴森恐怖,所以在西方蝙蝠的文化意象是负面的。

还有一个比较典型的例子,鹤的文化意义在中日韩显然是良性的、美好的,可是,它的文化形象在欧洲却成了反面的、丑恶的。鹤生活于沼泽等湿地,或平原的水滨,全身白色或灰色,属于长寿禽类,古代誉为仙禽。仙鹤(即丹顶鹤)在中国传统文化中有"鹤发童颜"(白发如同鹤之羽毛)之喻,用以赞誉健康老人,常以"鹤首""鹤算""鹤龄""鹤寿"作为祝愿长寿之辞。仙鹤同神龟一道被誉为长寿之王,有"龟鹤延年"的吉祥之辞。在传统观念中,道教先人大多以仙鹤为坐骑,仙人骑鹤腾云驾雾、众仙拱手仰望寿星驾鹤遨游天空的画面经常呈现,并由仙人驾鹤升天的寓意拓展延伸,以"驾鹤西归""驾鹤成仙"比喻某人已经下世,形成了逝世的婉转说法,表示对死者的尊敬。仙鹤雌雄相依为命,忠贞不贰,风度翩翩,仙风道骨,仿佛有君子的精神风采,故将行为举止飘逸、修身养性的贤达称为"鹤鸣之士"。仙鹤卓卓立于鸟群,翘首盼望,象征士人仪表出众,才华超群。仙鹤在中国被誉为祥瑞灵鸟,其传统地位仅次于凤凰。在中国、日本与韩国的文化观念中,以鹤发松姿的意象形容年事已高却非常健康、容光焕发的老人,诗人、画家经常将仙鹤与苍松描绘在同一个画面里,寓意"鹤寿松龄""松鹤长春",隐喻延年益寿。总之,仙鹤有吉祥寿康之意,是自由飞翔和幸福的象征。

然而,在欧洲,尤其是英国和法国的文化观念中,鹤却是不祥的鸟类。2010 年、2011 年,中国影星应邀出席国际电影节,以龙袍装、仙鹤装等古典形象高调亮相,用惊艳的民族文化象征符号吸引眼球,成为全场的关注点,不过,此举也引起很多人质疑,尤其是仙鹤装在欧洲引发争议。对此,有的艺人坦诚表明自己对民族服饰的文化态度:仙鹤文化是中华民族历史的传统产物,身为一个地地道道的中国人,穿中国人的传统服饰,究竟应该怎么样来定义,按理说应完全由中国人自己说了算,不用去管外国人怎么看。

笔者认为,面对不同的场合和环境,穿着打扮也应该相应不同,这样才能更加符合实际,适合沟通,互相交流。如果仅仅是我们国内自己举办的文艺活动,完全可以大张旗鼓地提倡中华民族传统和文化特色,但是出境去参加外国举办的国际性文艺活动,那么我们在坚持中华民族文化自信的同时,还要有多元共处的跨文化意识、和而不同的国际胸怀,要充分尊重其他国家民众的文化心理,照顾其他族群的审美趣味,正如中国古语所云"入乡随俗""到什么山头唱什么歌"。面对这一类跨语言、跨国家交际的情况,必须要有跨文化的观念。不同的国家,不同的族群,自然会有不同的价值观念和风俗习惯,体现在认知情感、自我感觉、信息传递与行为互动等各个方面。跨文化交际行为的符号象征包括语言、表情、身姿、服饰以及人际交往中双方之间的距离习惯等,这些都是必须注意的细节。

第三节　跨文化交际中容易造成
误会的人情礼节方式

不同的民族具有不同的生活方式,衣食住行是各地区民族性最明显的标志。无论是东方人,还是西方人,在跨国家、跨文化适应的过程中,首要的事情就是入乡随俗,考验自身对所侨居国家的生活方式的适应情况。

西方民间代表团(远道而来的客人)到中国访问,中方接待者(尽地主之谊的主人)问他们用餐吃什么,他们一般都会按照自己的表达习惯明确坦陈自己的想法,想吃西餐就说想吃西餐,想吃中餐就说想吃中餐,坦诚相见,表达真心实意。如果换位来打比方,中国民间代表团去访问西方国家,一般不会主动和明确地提出用餐要求,生怕无意中会给西方接待者(主人)制造难题。当西方接待者询问来自中国的客人希望吃中餐还是西餐时,中国人往往客气地回答"客随主便""都可以啊""都没问题""你们准备了什么我们就吃什么""你们怎么方便我们就吃什么""你们哪样方便就哪样吧"。中国人去西方,觉得客随主便是尊重主人的行为,是客气礼貌的行为。可是,对于西方接待者而言,听到这样的答复会觉得莫名其妙,摸不着头脑,变得不知所措。如果西方接待者进一步问中国人"各位晚餐想喝点什么酒",只要中方代表团团长一开口说想喝啤酒,其他中国人往往都会跟着说想喝啤酒,一般不会再有人说想喝红酒或其他酒。中国人在国外的时候大都入乡随俗,不愿意单独公开提出自己个人的要求。

有时候,中国人约人(包括西方人)一起吃饭,为客人点菜点酒后,会一次又一次热情地与客人碰杯,不停地向客人劝酒,以展现自己作为主人的好客。然而,如果在西方这样请人吃饭和喝酒,是不会受到欢迎的。西方人请客吃饭或喝酒都比较随性，主人一般不劝客人多喝酒，大家想吃多少就吃多少，能喝多少就喝多少。西方人喝酒更关注自身的感受和心情。他们因为自己的需求而喝酒，因自己的感觉而陶醉，没有中国的饭局酒桌那么复杂的应酬动机，那么微妙的交际效应。西方式饭局与中国式饭局体现了明显不同的酒文化。

马来西亚的马来人遵从伊斯兰教禁酒的习俗，宴请用餐时不以酒招待客人。印度尼西亚市面上销售的酒类不多，一般出售白兰地、威士忌、香槟、葡萄酒、杜松酒等低度酒。菲律宾人、文莱人一般不喝烈性酒。而越南人习惯喝米酒，喜欢敬酒，最常说的敬酒语是"干杯！百分之百"，当听到这句话时，大家往往都把杯中酒一饮而尽。

日本、韩国和中国虽然同属一个文化圈，但在思想和社会习俗规范方面也有一些比较大的差异。即使是同属于东亚地区这个区域范围，中日韩三国的具体情况也需具体看待。中日韩三国由于不同的自然地理条件而形成的习尚产生了不同的"风"，由于不同的社会人文环境而形成的习尚产生了不同的"俗"。风俗作为一种行为规则，在仪式与礼节等方面，制约着人们的行为习惯，并使这种规矩长期延续下来。直至今日，这种风俗习惯上的不同仍在发挥作用。

中韩两国的送礼习俗存在着明显的不同，韩国人接受礼物后一般都会回馈，如今很多人已经不愿意把送礼弄成彼此之间的赠品攀比或者人情负担，所以往往选择赠送实惠而又能表达心意的礼物。在普通的交际应酬中，比较常用的礼物有洗发水、沐浴露、卷筒纸、香皂等。尤其是亲友乔迁新居的时候，赠送香皂能够寓意新生活好像肥皂泡一样，润滑细腻，干净舒适。赠送卷筒纸是希望好日子如同卷筒纸一样，一节连着一节，一卷接着一卷，源源不断。笔者在韩国读博的三年时间里，所收到的韩国朋友送的礼物中有八次是香皂。韩国人赠送或接受礼物，仍旧保留着东亚文化圈传统礼仪的习惯做法，要用双手递接，不能当着客人的面打开包装察看礼物，如果是送现金，还要将钱装在信封里面，代表着东亚人的含蓄。酒是送给男人的好礼物，但是不能送给女人,除非事先声明是送给她的先生。不过,如今韩国人已深受西方礼仪文化的影响,亲朋好友若收到礼物也会当面打开包装,察看和欣赏,以表示重视和谢意。

韩国的可耕地面积有限,水果等农产品价格比较高,在日常送礼的时候,梨是比较上档次的礼物。此外,韩国人觉得手表和钟是比较有品位的礼物,有美好的寓意,比喻时时刻刻想念你,分分秒秒陪伴你。韩国人举办婚礼时,新郎、新娘喜欢用雨伞作为礼物回赠给客人,象征为你遮风挡雨,关心你陪护你。但是,如果换成中国,这三样东西绝对不能作为礼物赠送,因为"梨""伞""钟"的谐音分别是分离的"离"、散伙的"散"、送终的"终"。笔者在韩国读博的时候,曾经去韩国大学中文系旁听课程,韩国的中文教授特意提醒学生,给中国人送礼千万不能选用这些物品。

韩国重男轻女的观念根深蒂固,以往男主人出门时,妻子要服侍他穿外套,一同外出时还要让男人先走。现在的韩国已经深受西方文明的影响,在现代礼仪方面明显有所改善。韩国留学生曾经和笔者聊天,专门谈到当代中韩女性礼仪文化细节上的差异。韩国留学生说:"在中国的学校里,很多年轻的女教师来上课时一点也不化妆,素面朝天,穿得比较随意,韩国很少出现这种现象。"笔者在韩国生活的时候也发现,韩国女性的职业规范和礼仪意识比较强,她们认为职业女性应该化妆,穿着正装上班,觉得这是一种礼仪风度与职业精神的表现。与此相应,有的韩国留学生就因为他们所在的中国学校某位女教师不化妆,不穿正装上课,便认为不讲究妆容和穿着打扮的人肯定是懒散和随意的,不会认真备课,所以不选修她的课。事实上,中韩两国女性的生活方式也存在着明显的不同,韩国女性在家庭分工中负责主内,以相夫教子为要务,不需要去职场上班,可以用于自身梳妆打扮的时间相对比较多,而中国女性既要上班挣钱养家,又要兼顾家务和养育孩子,忙里同时还要忙外,可以用于梳妆打扮的时间相对要少得多,所以中国女教师化妆的比例远远低于韩国女教师。其实,上述那位中国女老师是一个业务水平高、学风和教风都认真严谨的人,她的业务绩效与化不化妆没有因果关系。

一个国家、一个族群的人,因为传统文化的心理惯势形成的行为方式,久而久之就会变成生活习惯。韩国人有韩国人的传统惯例,应邀到韩国人家里做客,主人一般不会邀请客人参观房子的全貌,这些被当作个人的隐私,客人不要擅自到处逛到处看,或者从门缝中往里窥视。客人脱鞋进屋,鞋头要向内摆,如果向外摆放,会被视为死人之履,显得不吉利。

刚刚到海外学习或工作的中国人,或者才来中国不久的外国留学生与工作人员,在没有及时意识到文化差异的情况下,一般都存在认识上的误区(偏见),潜意识里会觉得别国人和自己一样,自以为对方也用相同的立场和眼光看待世界。而一旦发生实际接触,在精神信仰、价值观念、社会规范和行为准则等方面,发现原来对方同自己的预料相差甚远,甚至完全不同,自己一时难以融入新环境,由于不和谐而心态失衡,以致觉得困惑、失望甚至产生反感情绪,造成彼此之间的跨文化交际无法顺利开展,这种状况必须加以调和与平衡。

第四节　跨文化交际中容易发生误会的数字象征

中国、日本、朝鲜、蒙古国、越南、泰国、新加坡以及东南亚其他华人较多的国家和地区,还有北美华人聚居的地区,都属于汉文化圈关联的区域,是汉字文化圈(又称儒教文化圈)的地域范围。尤其是日本与韩国,历史上都以汉字为民族文书系统,以儒家思想为伦理法规基础,以中华法系的律令制为法政体制。日本与韩国的宗教、政治意识、社会礼仪、书写工具、建筑、器物、造物工艺技术等传统文化的组成部分,至今仍然体现着相似的思维结构、共通的文化模式。日韩两国过去曾使用汉字作为书写符号系统,现在则是本民族文字同汉字一道混合使用,书面语言中很大一部分词汇都是由汉语的字词组成的。因此,国内有人认为,既然日本、韩国同属汉字文化圈的分布范围,历史上受到中华传统文明的深远影响,那么理所当然,当代的日韩文化和中国文化仍旧是一样的,不会有什么根本性的差异。这种认识完全没有意识到日本与韩国的民族文化发展和变化的相对独立性,忽视它们近现代以来越来越大的文化差异。在这样的认识误区中与日本人、韩国人进行跨文化交际,我们很容易遇到麻烦,导致沟通失败,甚至引起文化冲突。

中国人喜欢"三"这个数字,中国古代以"三"代表多次、多数,认为太初混沌存在的整体"道"是唯一的,"道立于一",而道本身包含阴阳二气,"一生二",分成天地二极,天地二极之间又生出"人"这个第"三"部分,即"二生三",天地人三者形成一种平衡的生态,万物在这种生态中衍生化成,从而"三生万物",形成大千世界。与此相关,日韩两国的人不喜欢双数的数字,都把奇数看成是吉祥的数字,喜欢单数。韩国是根据"天地人"和"阴阳结合"的观念来创造民族文字的,而"三"衍生化成万物,因此也特别崇尚"三"这个数字。同时,韩国也深受西方基督教文化的影响,基督教创世神话认为第七天(即礼拜天)是休息日,是幸运日的象征,所以韩国人也喜欢"七"这个数字。

中日韩的民众都刻意回避"四"这个读音。日本人忌讳"四"(与"死"谐音),韩语的"四"同样与"死"同音,含有不祥之意,所以韩国人尽量避免用"四"字,分队分班分组的时候都忌讳"四"字,而改用其他数字来代替。很多旅馆、酒店和楼房都没有"四层"的编号。

同样是以数字作为象征符号,不同的民族,不同的国家,往往带有不同的文化蕴涵。中日韩三国的人们都喜欢以数字作为象征符号,但文化意味上有着明显的不同,审美趣味也有不一样的地方。中国人崇尚双数的文化寓意,比如喜欢选双数的日子婚嫁,隐喻"成双成对",象征匹配,吉利祥和。好以"比翼双飞""双喜临门""好事成双"作为祝福话语。中国人偏爱双数的数字"二""六""八""十",祈愿借用它的谐音讨口彩的吉利。比如"六"字带有"六通四达""六畜兴旺""六六大顺"之义,寓意待人接物不碰到麻烦事,平安顺利。"八"字谐音发达的"发",比喻"八面圆通""四通八达"。"十"字是数字完整齐全的标志,表示数量很多,意味着十分、十全、十足无缺、齐全、完整、完满。然而,日韩两国的人都不喜欢双数的数字。越南人盖房子,建房间的数量不能是双数,只是修建三间、五间、七间等。

"九"是单个数字中最大的数字,很多国家的人都爱"九"字,中国人也喜欢"三"与"九"这两个单数数字,用它表示数量之多,寓意长久。中国古代用"九"表示天的最高处,形容极高、极大、极广、极远之意。也以"九五至尊"来象征帝王之高贵。但是,日本人忌讳"九"字(因与苦同音)。韩国人不喜欢"九"这个数字,因为"十"代表完整、齐全、圆满和成功,"九"距离"十"总是还差一点,显得有缺陷和不成功,有功亏一篑的意思。很多和"九"有关的韩国文艺作品都带有不理想和遗憾的意味,比如《九尾狐》《九云梦》就带有缺陷和失意的成分。韩剧《九数少年》就是分别讲述九岁、十九岁、二十九岁、三十九岁这四个年龄段的几个人不成熟、不如意和不顺利的人生经历。

还有,中国年轻人与泰国年轻人在网络上交流,对"五"字和"六"字的使用,正好相反。中国年轻人想说伤心哭泣的时候用"555……"来表达;而泰国年轻人刚好反过来,因为泰语中"5"和"笑哈哈"的发音接近,他们感到兴高采烈的时候用"555……"来表达。中国的年轻人网上聊天,觉得高兴畅适的时候用"666……"来表示;而泰语的"6"和"牛"读音相似,泰语中"牛"字有两个读音,一个是"wo",另一个是"bafolou","bafolou"和"6"的发音相近,泰国人通常用"bafolou"这个读音来表示一个人像"牛",意思是说他很笨,这跟中文里说他是"猪"的意思是一样的。

第五节 跨文化交际中容易发生误会的语气和措辞

由于跨国家跨文化,语境已经转换,不同族群的人们对同一词语往往有着不同的感受和理解,涉及某些话题与常用词的时候,在语感、理解和联想等方面存在明显的差异。比如,在交谈中,西方人认为不适合微笑之处,或者不应该大笑的时候,韩国人也会大笑,他们往往会以开口大笑来掩饰他们受窘、受刺激、受冲击或受伤害的情绪和表情,碰到丢面子的状况,他们反而大笑,这并不意味着他们对自己的处境没有应激反应,而是觉得必须保持仪表举止的得体,有失风度要比丢面子更加要紧。韩国人不习惯说"不",需要说"不"的时候,他们向后仰头,从牙缝中有声响地吸气表示否定的答复。他们很喜欢用"涅"(是的)来回答对方,然而"是的"仅仅表示"我听到了""我听懂啦",而并不意味着真的同意你的意见。有时候,韩国人会用他们觉得你爱听的话来应酬你,以免使你不愉快,而不是给你真实的信息。不要以为韩国人不懂得如何回应你的话题,他们认为最重要的是让你保持好的兴致,让气氛轻松愉悦。中韩虽然同属于汉字文化圈,不过同一个词在两个国家词义不尽相同,韩国的"化妆室"这个词对应中国"厕所"的词义,"美容室"对应的是中国的"美发店"。中国的"美容店",在韩国对应"皮肤馆"或"皮肤管理会所"。韩国的重男轻女观念比较严重,大会发言的开头,把男性放在前头称呼大家"先生们、女士们",先男后女。不过现在已经和世界惯例接轨,调整过来了,"女士们、先生们",将女性放在前面。和韩国人聊天,韩国人会询问颇为隐私的问题,比如"你到哪里去""你多大年龄""你收入多少""你结婚了没有""你为什么没有小孩"。不过,请不要生气,他们只是想关注和了解你,确认你在社会中的职务和等级,他们并不是希望得到你多么坦率的回答,只是想通过闲聊知道你的生活状态如何,是什么样的身份和职务,以便明白和你交谈需不需要使用敬语。和韩国人聊天,应该尽量避开日本、政治以及人家的妻子等话题,以免造成误会和不愉快,自讨没趣。马来西亚人不喜欢别人问自己的年龄,不闲聊他人的家务事,否则容易自讨没趣。

在跨文化背景的往来中,难免存在一些这样那样的交流障碍,首当其冲的障碍就是上述种种认知误区[6],究其根源,是观念先行地假定各个国家各个族群文化的一致性,自以为是地认为所有国家的人都是和自己一样的,不知道自己的文化与外国人的文化存在着明显的差别。由于没有文化差异意识,对文化差异缺乏敏感度,对各个国家各个族群文化的多元性、差异性缺乏足够的认识,想当然地从自身的文化视角去看待外国人,一旦发现与自己的预期其实大不一样,便很容易产生文化茫然,在跨文化情境中陷入不知所措的状态,在相当一段时间内出现莫名其妙、愤怒、恐惧或者其他不适应的反应,从而做出回避和逃避的行为,乃至造成文化冲突,导致跨文化交际的失败。[7]

第六节　借鉴纠错的成功经验,获取跨文化交际成效

自以为他人与自己在文化传统上没有太大差别,然后以这种想法来看待其他国家和其他民族的人,十分常见,也很自然。但是,世界上毕竟有许多不同的国家、族群,相应就有许多不同的思维模式、不同的心理结构、不同的文化价值尺度。因此千万不要把本民族的文化规范作为准则,无意识地强加给外国人,误认为别的国家、民族也会共同遵循。忽视各国文化之间从古至今的差异性,用自己的文化标准作为价值尺度,去和外国人进行跨文化交际,很容易导致误会和交际失败,造

成文化误会。

在跨文化交际中,必须学会跨族群跨语种的换位思考,要充分意识到各种不同文化系统之间的差异,不断提醒自己,注意观察不同国家之间不同的文化语境,不同族群之间不同的生活习俗,还要善于拿来与自己的行为方式作比较,学会观察外国文化准则的迥异之处,了解外国人的历史传统、风俗习惯和生活方式,从而进一步包容、理解与适应外国人的价值取向和行为模式,努力创造跨文化交际的前提条件,脚踏实地,找准跨文化往来的出发点和落脚点,以便入乡随俗,因地制宜,提高自身的跨文化交往能力,切合实际地辨别跨文化交际中容易出现的认识误区(偏见),增强对差错的敏感性,并成功地进行纠错,及时消除障碍。

这里不妨看看有代表性的汉译欧美名牌商标的故事,学习这些英译汉的高超技巧,通过这些跨族群沟通,跨文化交流的优秀案例,借鉴其试错与纠错的成功经验。汉译者将香槟的法语商标名称迻译成汉语的时候,把中法两种语言融会贯通起来,既巧妙地保留了香槟酒原产地"香巴涅"的发音,保留了法语原名的音韵,又体现出葡萄酒醇香迎宾的寓意,使这个中译名达到了信达雅的效果。其实更多的时候,英汉辞典的词条解释与中美文化习俗之间的语义语感往往有一些微妙的出入。比如美国可口可乐公司旗下品牌饮料雪碧的商标在中国进行跨文化宣传推广、跨语种译介的时候,曾经历了一个从相互误读,乃至造成文化变形、扭曲和排斥,到敏锐地采取应对策略,通过文化心理调适,进行跨文化协调与跨语言融合,最终实现成功纠错,达成相互通约的过程。最初到我国香港市场做营业推广的时候,雪碧商标采用的中译名是音译"士必利","士必利"的读音听起来有点像"必势利",而"势利"是市侩小人的丑恶行径,为人们所不齿,因此香港人不欢迎这个中译名。经过这次试错,可口可乐公司这才恍然大悟,发现错误的原因,原来这种只是简单照搬原文读音的音译方式,仅仅停留在比较低级的语言翻译的层次,造成了很长时间不能打开销路的严重后果。[8]于是他们聘请优秀的英译汉专家进行音译方面的纠错,将"士必利"这个中译名放到跨文化翻译的层次上重新进行迻译,改译为"雪碧"。

上述是音译方面的纠错,雪碧这个案例还有意译方面的纠错。雪碧的英文商标名称原意是精灵、妖精,在美国的文化语境中,妖精原本并不是什么贬义的词汇,自然能够广泛流行。但是,如果原封不动照搬"妖精"这个英文词汇,让它跨语种进入汉语的文化语境,将这个美国商标的名称跨国家照搬到中国市场,对于中国人而言,就会变成厌恶的对象,中国人会避而远之。雪碧出口到中国的初期,经过上述这一番试错,发现问题,为了能够打开市场销路,公司专门聘请优秀的英译汉专家,搜集与研究了几万个汉字,采用让英语文化"屈从"汉语文化的营业推广策略,选择能够适合接受环境(中国人心态)的跨语种再创造的翻译方式,通过跨文化翻译的手段打破英汉两个语种之间的壁垒,对中国人的消费心理进行恰如其分地适应、理解、领会与表现,用恰到好处的中文词汇将这个英文商标完全中国化,最后确定了"雪碧"这个中译名,这个全新的中译名给身处亚热带地区的香港人一种清凉的感觉,完全迎合中国人的审美接受习惯。这个音译加意译的完美结合,发音相近,读音悦耳,寓意精妙传神。这个跨语种再创造的中译名,适应中国人的文化传统、风俗习惯与审美趣味,终于获得了巨大的成功。[9]这个试错与纠错的成功案例,值得从事跨文化沟通与交流的涉外人员好好学习和借鉴。

第七节　结　语

跨文化交际主要有两种结果:一种是通过沟通,相互适应,达成一致,实现预期的计划和目标;另一种则是完全相反,缺乏沟通,出现分歧,彼此产生恶感,导致跨文化交际失败。由此可见,涉外人员必须学会在跨文化心理学的视域下,观察与了解不同文化语境下的心理差异,对跨文化交际中容易出现的认识误区(偏见)进行必要的了解,摈弃自以为是的主观判断的心理和态度,增强跨文化意识及其敏感度,以一种关注新异事物的好奇心和热情,一种开放、宽容、理解和尊重的心态去对待跨文化交流方面的差异,让本国的文化观念能够入乡随俗,去适应外国的条件、环境,并实现目标和任务。与此同时,也欢迎并接受正能量的外国文化进入我国,培养和增强共情能力,在实际学习和工作中,切实树立跨文化交际意识,增强对试错的敏感性,提高纠错能力,努力在跨文化交际中取得成效。

参考文献:

[1]胡文仲.跨文化交际学概论[M].北京:外语教学与研究出版社,1999.

[2]梁潮,鲁施红.日本万花筒[M].桂林:漓江出版社,1988.

[3][4][5]鲁迅.准风月谈·谈蝙蝠[M].北京:人民文学出版社,1980.

[6]祖晓梅.跨文化交际[M].北京:外语教学与研究出版社,2015.

[7]史兴松.来华留学生跨文化语言社会化研究[M].北京:对外经济贸易大学出版社,2017.

[8]毕继万.跨文化交际理论研究与应用[M].北京:北京语言大学出版社,2014.

[9]毕继万.跨文化交际与第二语言教学[M].北京:北京语言大学出版社,2009.

(作者:袁　柳)

第一编
探索编

第一章　面向东南亚传播中国文化应该从"多国一策"转向"一国一策"

第一章　面向东南亚传播中国文化应该从"多国一策"转向"一国一策"

摘要:东南亚 11 国存在着不同的区域、国家、民族、宗教和文化,发展目标和社会生活需求存在着极大的差异。改革开放以来,我国综合国力已经快速崛起和实现跨越式地发展,然而,我国面向东南亚 11 国传播中国文化的实践及其成效,还没有跟上这一步伐。我们仍习惯把中国以外的世界看成一个整体上的"外国",将东南亚 11 国当作一个完全同一的整体来看待。鉴于此,面向东南亚这个目标区域,我们必须针对 11 个不同的国家,进行不同国别的细分,对于具体的目标国家,应采取差异化和国别化的细分策略,采取因地制宜、相互接轨的传播方式,从而转变策略,由"多国一策"转向"一国一策",乃至"一国多策"的传播策略。

关键词:东南亚国家;国别细分;转变传播策略;多国一策;一国一策

第一节　面向东南亚传播中国文化存在"多国一策"的问题

　　复杂性和多样性是东南亚地区的主要特征,该地区存在着不同的区域、国家、民族、宗教。实际上,东南亚11国的文化和政治是多元化的,经济社会发展很不平衡,11个国家的发展目标和社会生活需求存在着极大的差异。[1]

　　改革开放以来,我国综合国力已经快速崛起和实现跨越式地发展,然而,我国面向东南亚11国传播中国文化的实践及其成效,还没有跟上这一步伐。仍停留在单主体、单向度、单声道的思维模式上,停留在以我为主的"对外宣传"习惯上,传播目标与视角维度比较单一、粗放,往往把中国以外的世界看成是一个整体上的"外国",将东南亚11国当作一个完全同一的整体来对待,采取无差异的"多国一策"的传播策略和方式。比如,我们在面向东南亚地区传播中国文化的方面,对避免触及相关国家的法律规章、局势状况、通行惯例、风俗人情、禁忌和敏感等问题注意得还不够,比如,我们宣传中国的酒文化,可是马来西亚等伊斯兰教国家是禁酒的;我们宣传中国政府允许发行福利彩票的政策,而在印度尼西亚彩票买卖是违法的。[2]

　　由此可见,我们缺乏具体的目标国家细分的意识,尚未能针对东南亚11国进行不同国别的细分,尚未能针对具体国家进行指向更为明确,路径更为对口的传播。鉴于此,我国面向东南亚这个目标区域传播中国文化,必须针对不同的11国进行不同国别的细分,对于所要传播的目标国家,应采取差异化和国别化的文化传播策略,采取因地制宜、相互接轨的传播方式,由"多国一策"转向"一国一策",乃至"一国多策"的传播策略。

第二节　对东南亚各国的多样性与
差异性考虑得不够充分

东南亚 11 国在民族文化上的思维和行为模式,政府与民众的关系及其解决问题、发挥作用的惯用方式,规划和建设国家的政治制度,组织和运行市场的经济体制等,都各不相同,这在世界上其他地区是很少见的,是由其地理环境和历史传统所决定的。东南亚地域总面积约 457 万余平方千米,被纵横的山脉、密布的河流、星罗棋布的岛屿天然地分隔割裂开来[3],比如,印度尼西亚由 17 508 个岛屿组成,菲律宾由 7 107 个大小岛屿组成。东南亚地区总人口约 6.25 亿,有 300 多个民族,其中印度尼西亚有 100 多个民族,缅甸有 135 个民族,菲律宾约有 90 个民族,越南有 54 个民族。东南亚是世界上民族最多、宗教因素最复杂的地区之一,世界四大文化体系全部都对这一地区产生了直接和重要的影响,世界三大宗教是东南亚 11 国的国教和主流文化。

一、对属于汉字文化圈的越南、新加坡及其他华人分布地区,尚未选用更为对应、适切的传播内容

越南和新加坡属于汉字文化圈的国家。汉字在越南被称为"儒字",当今越南语汉语借词约占越南语词汇的 70%。华人约占新加坡常住人口的 75.2%。约有 4 543 万海外华侨华裔遍布世界各地,东南亚是华侨华裔最多最集中的地区。华人是马来西亚(占总人口数量23.2%)、文莱(占总人口 10%)、泰国(占总人口的 14%)、柬埔寨、缅甸、老挝、菲律宾、东帝汶的少数民族。新加坡、马来西亚、文莱以华语作为主要或通用语言,印度尼西亚语的词汇则吸收了不少中国闽南方言的词语。越南民众信奉佛道儒三教,马来西亚、印度尼西亚的华人信仰佛教和儒教,新加坡华人大多信奉佛教、道教,菲律宾华人大多信奉佛教。东南亚 11 国的华人华侨的状况各不相同,我们在传播中国文化时要注意具体细分,传播内容与措施避免"一刀切"。

二、对属于佛教文化圈的泰国、缅甸、老挝、柬埔寨、越南,尚未采取更为对应、适切的传播内容

柬埔寨、缅甸、泰国全国总人口中约 85% 以上信奉南传上座部佛教(即小乘佛教),老挝多数居民也信奉上座部佛教,禅宗只是在汉族华人华侨中产生影响。东南亚主要流行以南传上座部为主的佛教。不过,在泰国、缅甸的华人华侨中,有专门信仰华人佛教(属于大乘佛教)的华僧和僧官系统、中国式汉寺。佛教是越南、新加坡、马来西亚的主要宗教,印度尼西亚、菲律宾、文莱的华人多信奉佛教。禅宗是中国佛教徒创立的佛教宗派,在越南、马来西亚、新加坡、印度尼西亚等国,是最有影响的佛教宗派之一。而我们的传播方式与措施还不够精准、到位。

三、对属于伊斯兰文化圈的马来西亚、印度尼西亚、文莱,尚未采取更为对应、适切的传播内容

印度尼西亚是人口大国,人口数量居世界各国第四位,占整个东南亚地区总人口的 40%,全国居民 87% 为穆斯林,是世界上穆斯林人口最多的国家。印度尼西亚、马来西亚、文莱的穆斯林绝大多数属于伊斯兰教逊尼派,伊斯兰教在这些国家的政治生活中占有重要地位。菲律宾、泰国、缅甸、柬埔寨、新加坡等国少部分居民信奉伊斯兰教逊尼派。伊斯兰教在东南亚各国家和各民族所产生的影响,程度是不同的。而我们往往没有加以明显的区别对待,千篇一律地进行传播。

四、对属于基督教文化圈的菲律宾、东帝汶,以基督教为主要宗教的马来西亚,尚未分别采取更为对应、适切的传播内容

基督教教派主要包括天主教、东正教和基督教。东帝汶约91.4%的居民信奉天主教。菲律宾全国人口85%以上信奉天主教,而北部和中部居民信奉基督教。马来西亚居民信奉基督教的也比较多,缅甸、文莱、印度尼西亚有少部分居民信奉基督教。越南有一部分居民信奉天主教,印度尼西亚、柬埔寨有少数居民信奉天主教。与此相关,新加坡、菲律宾、马来西亚、文莱通用英语,泰国也使用英语。东帝汶以葡萄牙语为官方语言。而我们对于东南亚以天主教为主的国家或区域,和以基督教为主的区域,往往没有能够明确区别对待;对通用英语的国家、区域和民族的基督教教徒,跟不通用英语的国家、区域和民族的基督教教徒,也还没有能够明确区分对待。

由此可见,不对东南亚11国的不同区域和不同民族进行专门的细分,仅仅偏重于作为传播者的我们自己的立场,没有注意去对应和适合各个不同国别、不同区域、不同受众群体的期待视野,以及他们的接受心态,误以为我们"只要一传播,对方就会认同和接受"。对此考虑不够周全,传播运作不够到位,势必造成严重问题。

第三节　针对东南亚11国不同的历史传统与文化特质,应采取"一国一策"的传播内容

一、对属于汉字文化圈的越南、新加坡应采取对应的传播内容

建议在国务院、国家发展改革委、外交部、商务部、文旅部等国家

和部委发布的《推动共建丝绸之路经济带和 21 世纪海上丝绸之路的愿景与行动》《关于进一步加强和改进文化产品和服务出口工作的意见》(中办发〔2005〕20 号)、《文化部"一带一路"文化发展行动计划(2016—2020 年)》《海外中国文化中心发展规划(2012—2020 年)》等政策文件指导下,对跟中国签署政府间合作文件(文化合作协定、年度执行计划、谅解备忘录等)接受"一带一路"倡议的合作伙伴,或者"一带一路"沿线的东南亚国家的中国文化中心进行目标细分,具体而言,以越南的中国文化中心为基地,面向目标受众,传播东南亚地区最主要的民间信仰祖先崇拜。基于在越南祖先神灵崇拜和儒家思想一样重要,都占有主导地位,而且中越两国民众姓名用字相似。因此,建议由越南的中国文化中心举办中华文化会展之类持续的系列活动,设立专馆或专区,专有所指,展示中华民族宗族祭祀、同谱(家谱)认宗、同姓连宗(500 年前是一家)[4]、祝寿采用"寿"字、敬称他人姓名、十二生肖(缅甸也有八大生肖)、春节守岁和拜年、贴春联贴倒"福"、婚礼贴红"囍"等文化习俗,以便引起风土人情相近的地缘共鸣,加强山水相连文脉相似的中越两国民众的传统感情。[5]

利用越南、泰国的孔子学院/孔子课堂,开辟中国文化展演与体验中心。利用各种国际汉语教育机构及其网点,各种大、中、小学的汉语教师,举办各种形式的专题讲座。注意传播与地缘环境密切相关的中国文化,涉及中国菜肴的色香味形、饮食器具、宾主座次排序、饮酒酒规等,必须因地制宜。针对东南亚和中国两广地区,同属热带季风气候或亚热带季风气候,习惯口感清爽的饮食状况,需要深入了解,通晓越南、泰国菜肴和中国菜的相似之处。基于越南菜受中国菜式影响,以清爽的原味为主[6];泰国菜肴和中国粤菜一样都爱采用嫩绿清脆的时令蔬菜水果,作为做菜做羹的配料,讲求自然原味。因此,应该利用越、泰两国的孔子学院,开设中国饮食文化体验课程。比如挑选采用鲜活食材、偏爱清鲜爽脆口味的中国粤菜菜式,进行对口传播,以便唤起彼此之间饮食人类学方面共同的文化记忆。将中越地缘关系和人文地理联系密切的因素,作为制定外交战略方针的理论依据,以文化外交作为对越经济外交、政治外交之外的重要补充。[7]

面向"一带一路"沿线的东南亚国家和地区传播中国文化,必须注意避开种族差异、宗教分歧、领土领海纷争与军事摩擦等敏感问题,注意超越意识形态之间所存在的巨大差别,争取打通价值观的普同性和共享性的共通空间。我国面向东南亚地区的外交人员、智库专家、国际新闻记者、汉语国际教育专业外派教师,国际汉语教师中国志愿者、海外中方企业文化管理者、文化贸易职业经理人与创意策划人,可以广泛联系目标国别的汉学家、翻译家、外教、留学生、艺术家、外商等来华投资、贸易、交流、研修、采风。互相牵线搭桥,共同促进相关的文化年、旅游节、电影月、电视周、音乐节、动漫节、演艺娱乐、游戏游艺、工艺美术展、创意设计展等活动的合作开展。面向马来西亚、缅甸、老挝、柬埔寨、泰国、印度尼西亚、文莱、菲律宾、东帝汶等国民众,尤其是广大华人华侨,应该继续传播已有国际影响的道教文化。比如在缅甸、马来西亚、印度尼西亚等国的中国文化中心,侧重传播中国的道教文化。传播其作为一种追求个人修身养性的民间信仰,发挥其在现代高频紧张的生活节奏中,使人缓解身心所受到的精神压力的效应。让这种全球华人华侨所在地区的"地方性知识",产生更大的国际影响。持续大力弘扬道教文化,使其形成真正具有全球性影响力的"全球化知识"。

建议加强组织世界各地汉语教学专家、教师修订《国际汉语教学通用课程大纲》,使之不断健全完善。比如修订"汉语综合运用能力"中的"文化能力"这个方面,具体调整其中"文化知识、文化理解、跨文化能力和国际视野"这四部分的相关内容,增强"一国一策"的"国别化传播"意识,更加精准地传播古今中国的科技成就对于世界的贡献。[8]为国际汉语教师制订教学计划、编写教材、学习者语言能力评测等方面提供依据和参考标准。针对具体国别而言,基于新加坡是国际通信中心之一,位居世界第四位的金融中心,计算机产业在世界名列前茅。应该侧重传播中国元明时期逐渐形成,并流传于东南亚的算盘(古代计算器);传播古代的水陆邮驿通信渠道乃至当代的快递服务;传播我国古代交子、宝钞等纸币金融传统,钱庄、票号等储蓄机构传统,乃至当代的支付宝、微信支付等电子支付的金融工具。不仅要向东南亚华人传播当代中国所取得的最新成就,同时也要向世界传播东南亚华人在经济和科技领域的发展成果,增强世界对全球华人科技智慧的文化理解,让飞速发展的当代中国更好地融入国际社会。

二、对属于佛教文化圈的泰国、缅甸、老挝、柬埔寨、越南应采取的传播内容

目前,面向东南亚的汉语教学方面,往往偏重语言教学,而在差异化和国别化地传播中国文化方面,适用的教材还不多,实践探索的成功经验明显不足。建议有关部门大力改善这种现状,比如在审定、组织编写中国概况之类的文化教材方面,注重传播中国传统文化的精华。在负责提供师资培训的项目之中,注意向东南亚华人华侨传播中国化的佛教禅宗,传播其开发自我心性和自觉顿悟的主要特点……发挥其调适情绪、消除心理疲劳、减轻精神压力的行之有效的作用。[9]以东南亚作为禅宗海外传播基地,进一步弘扬受到全球华人华侨和各国民众喜爱的禅宗文化。

我国的国际中文教育出版单位,要为面向东南亚的汉语教学提供适用的图书。建议加强发挥政策导向作用,鼓励和资助设置东南亚国别语言与文化专业的高校和研究机构,加强同业务相关的出版社的出版合作,编写和出版培养非通用语文化外交人才的教育图书。与此同时,组织专业人员以东南亚的国别为目标,进行选题策划,编撰针对具体国别的汉语教材和文化词典。比如泰国如今还实行跪拜礼,和中国古代沿用年代长、使用频率高的稽首式跪拜礼俗有相通之处,我国傣文大藏经和南传上座部佛教巴利语系大藏经有共同之处,傣族佛教节

日泼水节和泰国泼水节习俗有共同点。对于以南传上座部佛教为国教的泰国、缅甸、老挝、柬埔寨,注意求同存异,有针对性地选用符合对方的佛教宗派的传播内容。而对于以大乘佛教为主要宗教的越南、新加坡、马来西亚,则可以传播彼此传统相近的佛教宗派内容。

建议"中国图书对外推广计划"资助项目,"经典中国国际出版工程"资助项目,关注世界健康饮食潮流,侧重向东南亚佛教国家的民众宣传中国佛教斋菜,向华人华侨多的地区宣传道教养生素菜等中华文化精华,推广中国食疗(又称药膳)菜系,尤其是推介中国当代食疗菜肴、食疗点心和食疗饮料行业发展的突出成就。建议引导和资助民营图书企业形成合力,共同宣传中国(大豆物种的原乡)的大豆系列制品产业,宣传中国给世界所提供的重要的植物蛋白来源和优质的调味品系列,大力推介被誉为中国"国菜"、被全球公认为世界性食品的豆腐及其豆制品系列。与此相应,建议继续办好中国豆腐文化节,并将活动延伸到已有传统基础的东南亚地区。

三、对属于伊斯兰文化圈的马来西亚、印尼、文莱应采取对应的传播内容

鉴于中国粤系、吴系、川系、鲁系等菜式,采用猪、狗、马、驴、骡和无鳞鱼等食料,涉及伊斯兰教的饮食禁忌,所以面向伊斯兰文化圈的东南亚国家,在传播中国饮食文化时,必须避免不适宜的内容。注意尊重伊斯兰教饮食戒律和习俗,侧重传播以牛羊菜肴为特长的中国清真菜系(七大菜系之一),传播中国的全羊席、烤全羊、涮羊肉、羊肉抓饭、羊肉水饺、羊肉泡馍、牛杂汤、羊杂汤等著名的清真菜系[10],增进中国清真菜式同东南亚伊斯兰国家及其穆斯林地区美食文化的交流,增强相互之间的了解和合作。

建议在中国—东盟博览会、中国西部国际博览会、中国西部文化产业博览会等综合性平台上,长期设立和东南亚各国进行饮食文化交

流的板块。鉴于中国饮食文化是一种广谱文化，上至国家的大政方针（民以食为天），下至每一个普通人的日常生活，因此，建议制定各种相关政策，引导和鼓励涉及东南亚的博览会、交易会、国际论坛，引导、鼓励和资助涉及东南亚的非官方组织、智库、对外贸易协会、国际关系公司、民间跨国企业等机构，充分发掘东南亚华侨华人的巨大潜力，利用华人社团、华文传媒作为资源系统和重要载体，侧重传播中国当代食料生产（包括农、牧、渔业等多个领域的专业技术）、食品制作器具和机械的制造（包括各种大小规模的炉灶、厨具、餐具、大规模的食品或饮料生产线的生产）、烹调和食品制造（包括营养、食疗、保鲜、酿造、风味化学、烹调等各个领域的专业技术）这三大门类的行业成就。充分利用美食文化作为交流的契机和平台，侧重宣传推广中国开展的生物工程业务，推进食料和食品工业现代化方面的系列成就。

四、对属于基督教文化圈的菲律宾、东帝汶，以基督教为主要宗教的马来西亚，应采取对应的传播内容

鉴于更大的政治互信来源于更大的经济利益、更多更充分的文化交融，因此，面对东南亚各个语言、文化、政治和经济情况不同的国家，各个与中国的国家关系不同的国家，必须注意尊重和理解其不同的政治制度和意识形态。必须明白文化传播时千万不要把自己的意志强加给他国，或者将自己的意愿强行灌输给他国，应该极力避免以我为主的生硬传播。必须注意采用柔性化的策略，选择彼此都愿接受的合适得宜的传播内容。要从目标国家受众方的角度，设身处地地看待、感受、理解问题，以目标国家的受众为中心，尽量满足他们对中国信息的真正需求。具体而言，面对菲律宾、东帝汶等天主教国家，和面对以基督教为主要宗教的马来西亚等国家，对象是明显不同的，我们必须知己知彼。而且中国人口在全世界所占的比重很大，虽然目前我国信

仰基督教的人数在全国总人口中所占的比例还不大,但是数量也并不算少。所以,我们应该以孔子学院总部主办、中国教育图书进出口有限公司承办的"汉语角"等项目为平台,由菲律宾国家图书馆、公共图书馆或大学图书馆运作,定期举办汉语文化课堂、图书巡展,侧重在中国的基督教文化和菲律宾、东帝汶、马来西亚等国之间搭建交往平台。

总而言之,我们必须加强对汉语文化传播输入国社会的需求分析和舆情研判,健全完善汉语文化国际传播效果的评估指标和体系,为相关决策和资源配置提供科学依据。必须注意由"硬宣传""硬推介",到"软传播""软交流"的转型,实现从"多国一策"向"一国一策"的转型,实现"共享信息"的传播,寻求"最大共识",以东南亚各个目标国家的受众想听到的(入耳)、听得进的(入脑)、听得明白的(入心)话语,讲述当代中国故事。[11]

参考文献:

[1]于在照,钟智翔主编.东南亚文化概论[M].广州:世界图书出版广东有限公司,2014.

[2][8]李春雨.中国当代文化传播与汉语国际教育[M].北京:文化艺术出版社,2020.

[3]祁广谋,钟智翔主编.东南亚概论[M].广州:世界图书出版广东有限公司,2013.

[4]王炜民.中国古代礼俗[M].北京:商务印书馆,1997.

[5]朱勇主编.跨文化交际案例与分析[M].北京:高等教育出版社,2018.

[6]中国大百科全书·第二版·第27册[M].北京:中国大百科全书出版社,2009.

[7]孙英春.跨文化传播学[M].北京:北京大学出版社,2015.

[9]孙昌武.禅宗十五讲[M].北京:中华书局,2016.

[10]林乃燊.中国饮食文化[M].上海:上海人民出版社,1989.

[11]郑通涛,方环海,陈荣岚."一带一路"视角下的文化交流与传播[M].
　　广州:世界图书出版广东有限公司,2017.

（作者:袁　柳）

第二章 依托汉语国际教育面向东南亚传播广西地域文化

第二章 依托汉语国际教育面向东南亚传播广西地域文化

摘要:中华文化的对外传播,在保持民族文化传统核心部分的精神内涵的同时,也要充分考虑中华文化的多样性和地域性的内容传播。留学所在地的地域文化语境与留学生日常学习生活的联系最为紧密、直接,这是关系到汉语国际教育教学目标的问题。与此相应,地域文化自身的丰富性和独特性也具有专门的传播价值。文章提出应依托广西汉语国际教育学科,开展面向东南亚传播广西地域文化的应对策略研究,大力传播作为中华文化重要组成部分的广西地域文化,切实讲好有中国价值和世界意义的广西故事。

关键词:汉语国际教育;广西地域文化;面向东南亚;精准传播

当今世界正经历百年未有之大变局,经济、政治、文化发展走向面临不确定性,中华文化的跨文化传播面临诸多挑战。与此同时,网络技术日益改变着人们获取信息的方式、阅读习惯以及文化传播的效果。在如此新形势下,肩负海外汉语推广和中华文化传播任务的汉语国际教育学科必须积极回答这个现实课题,探寻应对策略。

习近平总书记指出:"要加强国际传播的理论研究,掌握国际传播的规律,构建对外话语体系,提高传播艺术。要采用贴近不同区域、不同国家、不同群体受众的精准传播方式,推进中国故事和中国声音的全球化表达、区域化表达、分众化表达,增强国际传播的亲和力和实效性。"[1]这番讲话为新形势下的中华文化对外传播指明了方向,提出了新的要求。东南亚地处"一带一路"沿线,是亚洲新兴的经济体。广西在辐射东南亚方面具有得天独厚的区位优势,加上广西各高校的汉语国际教育专业已经深耕东南亚多年,具有坚实的基础和传播平台。选取有特色的广西地域文化(包括桂学文化)内容,针对东南亚这一目标区域,分析其受众的特点,贴近受众的需求,开展精准传播,符合当下的形势要求、理论导向和实践目标。

"越是民族的,越是世界的"理念强调了地域性、民族性文化的独特价值所在。广西汉语国际教育学科应该对外展示全面、立体、真实的中国形象,大力传播作为中华文化重要组成部分的广西地域文化,切实讲好有中国意义和世界意义的广西地方故事。本文提出应该依托汉语国际教育学科,开展面向东南亚传播广西地域文化的应对策略研究。

第一节　广西地域文化研究已形成专门学科,
对外传播的资源和平台日趋充实

汉语国际教育与广西地域文化(包括桂学文化)相依相融的存在与发展的关系,使汉语推广与文化传播之间具有相互促进的作用,决定了汉语推广与文化传播具有不可分割的整体性。但是,对汉语的学习和正确理解,不等同于对广西地域文化的接受,汉语国际教育助力广西地域文化的国际传播,是一个复杂的系统过程。中华文化对外传播涉及第二语言教学、传播学、跨文化交际学等学科的相关研究。

一、对外汉语教学向汉语国际推广和文化传播的观念转型

2005 年,汉语文化推广上升为国家战略。学术界通过从 20 世纪 80 年代以来长达近二十年的关于汉语中的知识文化和交际文化,文化教学的定性、定位与定量,以及文化导入、文化揭示或文化混融等问题的大讨论,更加自觉地把文化的对外传播作为己任,对第二语言教学中的"文化"的理解和研究,明显突破了语言学的框架,文化对外传播意识显著增强,从大文化的视角阐述汉语国际教育如何更好地为中华文化走向海外服务,探讨汉语对外推广与中华文化传播的有效互动。[2]

在实践层面,对外汉语文化教材及其教学原则、方法的探讨和研究,使对外汉语文化教学摆脱了"处于语言的下位关系"的处境,真正向中华文化的对外传播转变。[3] 但是,对外汉语文化教学内容的选择,仍有重古轻今的问题,重传统而轻现代[4],关于中华文化的观念偏向于总体上的把握,过于强调中心地域的文化,往往忽视中华文化的多样性、多民族性和地域性,不利于全面充分地展示"多元、立体、开放、包容的当代中国形象"。

近年来越来越多的文化学理论、传播学理论、教育学理论进入汉教学科的视野,中华文化对外传播的研究呈现出多元化的趋势,一些学者开始关注对民俗文化、地域文化资源的开发和利用[5],比如关于云南文化、湖湘文化[6]、安徽文化、吴越文化、齐鲁文化对外传播的研究成果较多,为中华文化对外传播的教学注入了新的思路和内容。但是,上述研究成果大多集中于必要性和可行性的论述上,主要停留在纸上谈兵式的学理讨论,而缺乏实操性的考察和实证性的对策探讨。

二、更加关注传播者与接受者的关系及其传播效果评估等现实问题

与汉语国际教育学科关注语言和文化的关系及其有效互动问题

的视角不同,传播学、跨文化交际学的学者更加直接地关注"中国声音、中国故事"的国际化表达,专门研究传播者、传播的策略、渠道、技术和效果,他们的视野更为开阔,理论与方法更多样,对汉教领域的研究范畴形成了有力的补充,并指出中华文化对外传播方面长期存在的一些问题:①对传播对象缺乏细分,往往把中国以外的国家看作一体化的整体,泛全球化的观念比较普遍。[7]汉教学科对语言教材及其教学方法的国别化非常重视,并已取得较丰硕的成果。但在文化对外传播方面,却鲜有针对不同国家/地区进行清晰地细分,没有制定出分众化、差异化的传播策略。②对传播效果的评估,存在着"认知—理解—接受"的单向线性的效果论的局限,注重传播者的立场,忽视接受者的视角,对文化传播是双向的交流和互动这个问题认识不到位。[8]传播学、跨文化交际学学者这些中肯的意见对汉教学科的跨文化传播具有非常重要的启发意义。但是,这些意见总体上仍停留在宏观论述的层面,对具体问题具体案例的探讨还不到位。

三、广西地域文化研究业已形成自身的专门学科——桂学

2010 年,广西的社科界、文化界以及各高校形成合力,成立了广西桂学研究会,共同挖掘、整理、研究广西的地域文化资源和文化特质[9],十余年来积累了大量的论文著作成果,黄伟林、张俊显等人在 2012 年发表了《广西文化符号影响力调查报告》[10],潘琦、黄伟林在 2014 年出版了《广西文化符号》[11],郑维宽等人在 2021 年出版了《文化广西》系列丛书 32 册[12]。广西师范大学胡大雷教授领衔的"桂学研究"获得了国家社科重大招标项目,2020 年出版了《桂学研究》系列丛书 7 卷。胡大雷认为桂学研究对于培育广西的文化品牌,确立广西地域文化在中华文化中的地位与作用,提升广西的文化自信具有很强的社会现实意义。[13]与此同时,桂学研究也为广西地域文化融入汉语国际教育提供了丰富的资源储备和重要的智力支持。不过,总体来

看,在桂学研究成果中,对广西地域文化本身的挖掘和研究已经比较深入,而在宣传和应用桂学的研究成果方面(比如运用广西地域文化资源及其研究成果,进行对外传播等方面)则相对薄弱。近年来在广西汉语国际教育专业的硕士论文中,有涉及利用广西地域文化资源的研究,但也仅仅着眼于课程资源建设或课堂上的具体案例探讨,角度仍比较单一,需要拓展和深入。

四、来桂的东南亚留学生是广西地域文化对外传播的资源和桥梁

广西是中国唯一一个与东南亚陆海相连的省份,广西壮族自治区内多个少数民族与东南亚族群有一些相似性,文化渊源近似,语言谱系接近,面向东南亚开展汉语教育和广西地域文化传播具有较强的地缘优势和区位优势。东南亚既是"一带一路"沿线地区,又是亚洲的新兴经济体,还是海外华人最集中、人数最多的地区,占全球华人总数的70%;[14]中国分布在东南亚地区的孔子学院有40所,其中由广西高校参与共建的就有8所。2015年起,广西壮族自治区共有29所高校招收留学生,留学生总人数位居全国各省前列,而且是接收东南亚留学生人数最多的省份之一。如此规模的东南亚留学生群体和东南亚孔子学院是推动广西地域文化(包括桂学文化)对外传播的潜在资源和重要平台。

综上所述,针对广西地域文化(包括桂学文化)对外传播的研究工作相对比较薄弱的现状,应该寻找广西地域文化和广西汉语国际教育的契合点,选取地域色彩鲜明、本质特征突出的广西地域文化内容,并将之融入汉语国际教育,充分利用广西汉语国际教育学科长期深耕东南亚的巨大潜力和现有优势,结合新的传播技术与手段,探索广西地域文化面向东南亚开展区域化、分众化的精准传播,既是应对新形势的挑战,也是对外传播广西地域文化和加强广西汉语国际教育学科建

设的需要。

第二节　广西地域文化对外传播和
汉语国际教育学科建设

一、对中华文化实行差异化、区域化、分众化的精准传播的新尝试

对广西地域文化研究和广西汉语国际教育这两种优势资源进行互补，把广西地域文化融入东南亚留学生的课堂，面向来自东南亚的学习者传播具有世界意义的广西故事，一方面有利于打造特色鲜明的广西汉语国际教育品牌，对传递广西声音，说好广西故事，推动广西地域文化（包括桂学文化）的对外传播，具有重要的促进作用。另一方面，来桂的东南亚留学生学成归国后，将成为本国汉语教育的重要师资力量或对华旅游、商贸等行业的精英，这对推动广西地域文化在东南亚的交流互鉴，增强广西的国际知名度有着重要的促进作用。

二、弥补广西地域文化研究成果对外宣传与传播的不足

开展广西高校东南亚留学生对广西文化符号认知状况的调查和分析，完成《来桂东南亚留学生对广西文化符号认知状况调查报告》，可以大力拓展和补充广西文化符号影响力的调研范围。2011 年完成的《广西文化符号影响力调查报告》是面向国内的普通群众、大学生以及行业专家所做的调查，并没有将来桂的东南亚游客和留学生列为调查对象。通过东南亚留学生在来桂留学前后对广西文化符号认知状况的对比调查，既可以拓展广西文化影响力的调查研究范围，又可以了解广西文化符号的国际影响力，为广西汉教学科开展广西地域文化

的对外传播打下坚实的基础,为广西地域文化融入汉语国际教育的内容定位和路径选择提供现实的依据,使之具有更强的针对性和更现实的践行意义。

三、提高来桂东南亚留学生的跨文化交际能力,缩短对文化差异的适应期

来桂东南亚留学生在日常生活中最直接、最密切接触到的汉语和中华文化,往往就是与留学所在地关系密切的广西语言文化环境,留学所在地的语言、习俗、饮食以及留学的高校自身的资源禀赋、历史传统和人文特质,对留学生的学习生活影响很大。将广西地域文化融入汉语国际教育,选取有代表性的广西地域文化内容,结合当代传播技术,开发广西地域文化系列微课和短视频并应用于教学,能够充实文化教学资源,通过加强"课内+课外""文化学习+文化体验"的结合,就地提供"零距离"的文化体验场所,可以缩短东南亚留学生的跨文化适应期,减少文化差异所造成的不适应。这对于提高来桂的东南亚留学生的跨文化交际能力,激发其汉语学习兴趣,提升学习效果具有促进作用。

总之,在新形势和新技术的背景下,对中华文化实行差异化、区域化、分众化的精准传播开展新的尝试,具有较强的理论价值和现实意义。

第三节　广西地域文化面向东南亚精准传播的内容和路径选择的研究思路

笔者以广西汉语国际教育和广西地域文化(包括桂学文化)为研究对象,分析广西汉语国际教育在面向东南亚传播方面的优势,整理

广西地域文化的资源和研究成果,针对广西地域文化对外传播效果欠佳的现状,探索广西地域文化依托广西汉语国际教育学科面向东南亚进行区域化、分众化精准传播的内容选定和路径选择问题。

一、主要研究内容由四个部分构成

以广西汉语国际教育的资源和平台为依托,面向东南亚传播具有世界意义的广西故事,推进广西地域文化在东南亚的传播,围绕这一核心目的,要深入思考和回答如下问题:广西作为接收东南亚留学生人数最多的省份之一,东南亚来桂留学生对广西地域文化的认知现状如何? 他们对广西地域文化具有怎样的学习兴趣和需求? 如何找准广西地域文化和广西汉语国际教育的契合点,促进二者深度融合、优势互补? 选取广西地域文化作为传播内容面向东南亚开展区域化、差异化、分众化的精准传播是否可行? 应该选取哪些广西地域文化内容融入汉语国际教育,并如何融入? 在现代传播技术的背景下,应该选取哪些新方法和新途径? 沿着这一思路,本研究的主要内容从如下四个方面展开:

1. 调查来桂的东南亚留学生对广西地域文化的认知状况。摸清广西高校东南亚留学生对广西地域文化的学习兴趣和需求,分析当前广西地域文化对东南亚传播的现状和存在问题,寻找广西地域文化和广西汉语国际教育的契合点。

2. 广西地域文化依托广西汉语国际教育学科,面向东南亚实施精准传播的可行性分析。总体把握广西地域文化的资源和特质,梳理广西汉语国际教育的发展状况,分析面向东南亚的传播语境,树立在新形势下广西地域文化依托广西汉语国际教育学科,面向东南亚开展区域化、差异化、分众化传播的理念。

3. 对将广西地域文化融入广西汉语国际教育,进行准确、恰当的内容定位。依据广西高校的东南亚留学生对广西地域文化的学习兴趣和需求,以及面向东南亚的传播语境,对广西地域文化进行梳理、选择和分类,结合广西地域文化的代表性和特色所在,开展将广西地域文化资源向对外汉语文化教学资源转化的探索。

4.广西地域文化对外传播路径选择的实践研究。在上述的内容定位之后,选取有代表性的广西文化符号,如刘三姐、桂林山水、梧州六堡茶、广西美食、三月三等内容,探索广西地域文化"校本课程"建设,并开发广西地域文化(包括桂学文化)系列微课和短视频,应用于线上和线下教学实践,并通过互联网平台,实现资源共享。

二、在研究过程中拟采用的主要研究方法

笔者拟综合运用第二语言教学、传播学、跨文化交际学等多学科的理论与方法,对广西地域文化(包括桂学文化)融入汉语国际教育进行准确、恰当的内容定位,并结合新传播技术和如今东南亚留学生学习的实际状况,探索广西地域文化面向东南亚传播的实施路径。在研究过程中将采用下列研究方法:

(一)文献研究法

充分了解相关的桂学古籍文献,梳理关于广西地域文化的现当代的研究成果,把握广西汉教学界面向东南亚传播广西地域文化的现状,从而找准广西地域文化和广西汉语国际教育的契合点,推动二者的深度融合,促进优势互补。

(二)跨学科分析法

综合运用第二语言教学、传播学、跨文化交际学等相关学科的理论和方法,树立新形势下广西地域文化依托广西汉语国际教育学科,面向东南亚开展区域化、差异化、分众化传播的理念。对广西地域文化进行梳理、选择和分类,针对来桂的东南亚留学生的学习兴趣和需求,结合广西地域文化中最具代表性和特色的符号进行内容定位,完成广西地域文化资源向对外汉语文化教学资源转化的研究。

（三）问卷调查法和访谈法

笔者拟综合采用问卷调查法和访谈法，在广西各高校对来桂的东南亚留学生进行学习情况调查，了解他们对广西地域文化内容的认知渠道、程度，摸清他们对广西地域文化的学习兴趣和需求，为将广西地域文化融入广西汉语国际教育进行准确、恰当的内容定位打好基础。

（四）案例研究法与实证研究法

选取典型的、有代表性的广西文化内容进行教学案例的资源建设，开展广西地域文化融入广西汉语国际教育的"校本课程"研究，制作广西地域文化系列微课和短视频，比如精心选取广西优秀传统文化中的广西汉语方言、广西山水文化[15]、广西地名文化、广西古建筑、广西民俗[16]、广西节日节庆[17]、广西民间游艺、广西饮食文化[18]、广西传统工艺等适合东南亚留学生学习的内容，做成微课和短视频，并追踪上述教学资源和案例的实操应用情况，分析评估实践效果，从而总结出在现代传播技术的背景下，广西地域文化内容融入广西汉语国际教育的有效路径和方法。

第四节　结　　语

2019 年 12 月，已连续举办 13 年的"全球孔子学院大会"更名为"国际中文教育大会"，因此 2020 年被业界认为是国际中文教育转型元年。转型升级后的国际中文教育事业和孔子学院正在努力寻求新的突破和创新，与世界各国建立平等对话的机制。[19]网络技术的更新迭代使中华文化跨文化传播的效率、渠道、形式、内容，乃至叙事方式都发生了明显改变，渠道更加多元，形式更加多样，叙事方式更加灵活，传播主体的能动性和影响力也更凸显。[20]近年来融合新媒体的平台性、移动性、及时性、互动性等特征的模式，以"李子柒短视频""舌尖上的中国"等为代表的传播现象备受瞩目,这种新的传播思路和方式的出现,也让我们看到微观层面的中国百姓故事、日常生活和民俗文化更加可信可亲,更易于被国外民众接受。

新时代的文化语境下,中华文化的跨文化传播面临着转型、升级、路径探索等问题,应该分析国际形势的影响因素,针对传播工作的薄弱环节,抓住传播技术的创新以及学科发展的关键时期所带来的机遇,寻求突破和创新,将传播技术的创新、国际中文教育的转型和中华文化的对外传播进行资源整合和优势互补[21],推进中国故事和中国声音对外传播的区域化、差异化、分众化表达。

中华文化是一个整体系统,而中华地域文化是一个子系统,两者密不可分,中华文化是中华辽阔地域所创造的结果,是中华民族文化融合的产物,而地域文化则是中华文化多样性和特殊性的表现。[22]一方水土养一方人,不同的地理环境和人文历史,造就了不同地域不同群体的精气神。在地理位置、生态环境、经济发展状况和历史传统等多种因素的共同作用下,每个国家、每个族群文化中局部的地域文化会呈现出独特的禀赋和鲜明的特色。[23]留学所在地的地域文化语境与留学生日常学习生活的联系最为紧密,最为直接,这是汉语国际教育学界不可忽视的问题。地域文化自身的丰富性和独特性也具有专门的传播价值。因此,将地域文化资源融入汉语国际教育,既能推动地域文化的对外传播,又能加强汉语国际教育的学科建设,具有重要的理论价值和现实意义。中华文化的对外传播,在保持与民族文化传统核心部分的精神内涵相一致的同时,也应充分考虑中华文化的多样性和地域性的内容传播,比如本文所主张的,将广西地域文化内容融入广西汉语国际教育。唯其如此,才能更好地讲述中国故事,真正树立起真实、全面、开放、包容的中国形象。

参考文献：

[1]习近平.加强和改进国际传播工作,展示真实立体全面的中国[N].光明日报,2021-6-2(1).

[2]李晓琪主编.汉语作为第二语言教学的文化教学研究[M].北京:商务印书馆,2019.

[3]亓华.汉语国际推广与文化观念的转型[J].北京师范大学学报,2007(4).

[4]李泉.文化内容呈现方式与呈现心态[J].世界汉语教学,2011(3).

[5]华霄颖.地域文化资源利用:从教学者的视角转向学习者的视角[J].国际汉语教学动态与研究,2008(2).

[6]王战.湖湘文化对外传播策略与路径研究[J].湖南师范大学社会科学学报,2015(1).

[7]孟建.提升中华文化影响力——建构跨文化分层传播体系的思考[J].中国编辑,2020(11).

[8]丹尼斯·麦奎尔著,崔保国等译.麦奎尔大众传播理论[M].北京:清华大学出版社,2010.

[9]潘琦.关于桂学研究若干问题的思考[J].广西教育学院学报,2009(6).

[10]黄伟林,张俊显.广西文化符号影响力调查报告[J].广西师范大学学报,2012(8).

[11]潘琦主编,黄伟林执行主编.广西文化符号[M].南宁:广西民族出版社,2014.

[12]郑维宽.广西优秀传统文化概览[M].桂林:广西师范大学出版社,2021.

[13]胡大雷等.桂学研究[M].桂林:漓江出版社,2020.

[14]古小松.从中国东盟命运共同体到人类命运共同体——发展新时代的中国东南亚关系[J].广东农工商职业技术学院学报,2018(4).

[15]黄伟林.广西山水文化[M].南宁:广西教育出版社,2021.

[16]袁丽红.广西民俗[M].南宁:广西人民出版社,2021.

[17]黄润柏.广西节日节庆[M].南宁:广西人民出版社,2021.

[18]吴伟峰.广西饮食文化[M].南宁:广西民族出版社,2021.

[19]张未然.新形势下孔子学院的舆情困境:特征、原因与对策[J].现代传播,2021(1).

[20]于运全.逆全球化语境下的跨文化传播新动向[J].新闻与写作,2020(9).

[21]郭晶,吴应辉.大变局下汉语国际传播的国际政治风险、机遇与战略调整[J].云南师范大学学报,2021(1).

[22]刘宇.论中华文化中地域文化多样性的基本特征[J].江汉论坛,2009(9).

[23]靳旭鹏.如何发挥地方在讲好中国故事中的作用[J].对外传播,2020(8).

（作者:袁　柳）

第二编
技能编

第三章　基于比较方法的科际整合模式提升跨文化学习能力

第三章　基于比较方法的科际整合模式提升跨文化学习能力

摘要:比较,仅仅是跨文化研究这类学科所使用的方法的属性,并不是它的学科性质,只有以"跨文化研究"的观念来比较研究两种以上不同的跨文化交际行为,才能构成这类学科牢靠的基石。因此,应该借助跨文化研究范畴基础理论性强、涉及学科面广、文化内涵丰富的特质来提升跨文化学习能力,以健全学生的知识结构,拓展其专业视域的深度和广度,调整其思维方式,帮助其树立全球意识。

关键词:跨文化研究;学习能力;科际整合;学科特质;知识结构

20 世纪 80 年代以来,在国内文化研究界,跨文化研究是一门"显学"。[1]不过,由于种种原因,一直到 20 世纪 90 年代,广西师范大学中文系对外汉语教学学科并没有开设这门课程。2010 年,广西师范大学文学院开始培养汉语国际教育硕士,考虑到跨文化研究是一种基础理论性强、学科涉及面广且文化内涵丰富的学科,邀请本院比较文学与世界文学教研室的教师为汉语国际教育专业的研究生开设跨文化研究这类课程。2019 年起,袁柳讲授跨文化交际学这门课程,在攻研跨文化交际学理论和授课的过程中,袁柳借助跨文化研究的科际整合模式,尽力提升学生的综合素养,并形成了一些心得体会。

第一节 借助跨文化研究范畴文化内涵丰富的优势,树立学生的全球意识

跨文化交际学与比较文学都是文学院开设的主要课程,进行跨国家、跨民族、跨语言、跨文化之间的比较研究,是这两门课程所具有的共同特点。多种文化相遇并产生碰撞,这就需要不同文化之间相互理解和相互融通。因此,在教学过程中,笔者注意引导学生去理解不同民族和国家存在着不同的价值文化和审美文化体系,从而形成不同的交际模式和文学模式,不能用一种文化语境不同的模式硬套在另一种模式身上。比较的前提是要求不同的模式分别从各自的立场同时进行寻根探源的观照,即双方既要自觉地遵循各自的历史传统,也要尊重对方的文化传统,绝不能以一方的概念系统来削割另一方的文化框架。在此基础上,还应以对方作为参照系来辨别双方的文化模式(包括世界观、价值观、交际方式、审美形态等哲学、伦理和美学等范畴,及其文类、母题、主题、人物和修辞等文艺理论范畴),并从双方不同文化模式的叠合处寻求其可以通约的地方(即具有共通的价值观念和交际准则之处),而且还要从其不叠合之处寻根究底,进行一种多视角、多层面的反复、平等的对话,通过这样的沟通,争取达到东西方两大文化体系的互相解读和互相理解。[2]

通过这样的教学引导,使学生形成一种跨文化交际学和比较文学的思维方式,在跨文化研究上树立起一种全球文化意识,或者说世界文化意识,并积极投身到跨文化理论的学习和研究中。与此同时,要注意同世界各民族文化的相互交流和相互理解,让跨文化交际学和比较文学研究朝现代性、世界性的方向不断迈进。

第二节 借助比较文学跨学科优势，
增强学生跨文化能力

文学是一个同哲学、人文学科与社会科学互相渗透的领域，它与文化哲学、价值哲学和艺术哲学等始终处于一种彼此融通的关联之中。哲学、语言学、心理学、人类学、文化学、传播学、历史学、社会学等学科从不同的方面影响文学领域，如印度两大史诗、荷马史诗和《史记》等既是文学作品，同时也是历史记录；现代主义文学明显地留下叔本华非理性主义和尼采虚无主义的哲学印记，意识流小说的文脉里流动着弗洛伊德精神分析学的血液，而存在主义文学与存在主义哲学几乎水乳交融，难解难分。前述各门学科对文学研究的影响随处可见，比比皆是。

同样，自然科学与文学也存在相互影响的关系。一方面，科学的母题、主题、事件、情节和形象等不断出现在文学创作中；另一方面，文学想象与科幻作品也在不断促进科学技术发明。比如，西方近代科学范畴的进化论对现实主义文学、遗传论对自然主义文学等都具有显著的影响，现当代的科技对文艺作品和电影的影响更加明显，世界杰出的科幻小说《三体》就是一个突出的例子。自然科学方面的一些重大发现和发明创造，有时可以从根本上改变人们的世界观，促使一种新的时代精神产生，并直接影响到文学领域；还可以借用自然科学的方法和工具来促进文学研究，如应用电子计算机进行研究资料的整理与统计等。[3]

比较文学是一门交叉学科，通过采借跨文化跨学科的毗邻点作为自身的生长点融合发展而来，与其相关学科有不少交错和重合之处，具有"科际整合"的性质，可以在这一学科优势的基础上，因势引导学生思考的延伸。一方面让学生认识到比较文学和跨文化交际学的分科分工,而从另一面来看,两者的思维方式的通约性、相似性还是比较明显的,因为比较研究本来就是由跨文化跨学科因素互相联系和区别而形成的,只有从多维的网状结构中才能深入认识跨文化研究的本质和特性。因此,要引导学生从哲学、语言学、心理学、文化学、人类学、传播学、社会学、历史学等知识领域和学科范畴汲取营养,并通过比较文化和跨文化研究之间的互相渗透和交叉的关系来探索彼此共同关联的课题,借此来增强学生的跨文化跨学科学习能力。

第三节　借助具有跨文化适应性的比较文学理论,增强学生的跨文化辨析能力

文艺学学科包括文学史、文学批评、文学批评史、文艺理论和文艺理论史这五个分支学科。不同民族的文学史、文学批评和文艺理论之间的关系,都在比较文学的研究范围之内,从这种意义上来说,比较文学与文艺学的研究对象基本上是一致的。比较文学的这种学理性是双向的,既可以用文学理论来解释属于子学科的比较文学,也可以用比较文学理论来健全和完善作为母学科的文学理论。应该借助比较文学跨文化的范畴,促使学生从跨文化的视角和跨文类的范畴去理解文类、主题、意象等文学的基础理论问题。

对于文类问题,应该让学生充分认识到文学作品的分类是文学理论最主要、最基本的课题,古今中外对文学的主要类型与体裁的界定和描述性研究,虽然已有几千年的历史,但迄今为止,分类标准仍然比较混乱。比如,所谓的三分法,把文学分为抒情类、叙事类、戏剧类这三大基本类型,它的缺陷在于过多地顾及内容而忽略形式,而且该分类法是一个封闭性的使用标准体系,并不能容纳像杂文之类的新的文

学样式。而文学体裁的四分法,虽然已经对上述三分法加以适当补充,即分为诗歌、小说、剧本、散文和报告文学四大类,但其划分标准仍然不够一致,有的是按描写内容来划分,有的则是按话语系统的结构形式来划分,而且有学者指出,纯粹的悲剧这种文类只有在西方民族的文化诗学中才存在,在汉民族的文化诗学中根本就不存在,元代所有的剧作没有一部能够真正算得上是悲剧的。笔者认为,戏剧在中国几乎就是悲喜剧的同义词,中国式的剧作不管其过程如何接近悲剧性灾难,但事情一到最后的阶段便转危为安,局面在紧要关头急转弯般地化险为夷,主人公在关键时刻得救脱险,极端的丑恶与崇高的道义相对照,最终走向一个善有善报、恶有恶报的光明圆满的美好结局。还有,穆旦的《隐现》一诗之所以长期以来一直让评论家们难以论定,除了该诗的语言和意象朦胧晦涩,最主要的缘故是难以确认它到底是"去传统化"的现代神话诗剧,还是具有人道主义色彩的存在主义哲理诗,或者是在受难的焦灼中试图以虔诚的理想祈求救赎的宗教诗,抑或是抒写孤独迷惘与虚无基调的玄学派诗歌,总之要辨别穆旦诗作的内涵,必须首先确认他的诗到底属于什么文类,只有确定《隐现》到底归于哪一种诗歌类型,才有可能真正弄清它的本文意蕴。

对于主题学,应该让学生充分认识其跨文化性的内涵,它与文学理论中一般的主题范畴有所不同,主题学所研究和探讨的是不同国家的作家对同一主题、题材、情节和人物典型的不同处理,重点在于对对象的表面、手段和形式的研究,着眼于一条线和一个面。以意象为例,主题学所研究和讨论的意象,指的是某一民族具有特定意义的文化—文学形象,它往往包含和其他民族文化截然不同的含义。譬如,有一种说法认为,在爱尔兰民族的文化诗学里,高山是一个高傲并且带有威胁性的意象,然而在汉民族的文化诗学里,高山这个意象却是一个"万人之所瞻仰"的伟大崇高的意象。笔者查阅文献资料证实,在汉民族文学里高山这个意象常以物质的高度来比喻生命和道德的高度,象征升华与脱俗,并部分地同化苍天所代表的意义,如《诗经·小雅》借用高山比喻人的道德之美,形容崇高的德行像高山一样受人仰慕;在司马迁的《史记》和曹丕的《与钟大理书》中,巍峨的高山让人仰望,高德之行令人内心向往,具有伦理性和教诲性的意旨。

以上援用具有跨文化适应性的比较文学理论去阐发、印证文学理论中一般的文类、主题、意象等基础性的概念,开展通约式的连接,既有适用于双向阐释对象的针对性,也促使学生将所学过的文学理论知识与"跨文化研究"观念相衔接。因此,由中国的传统文论观念走向当代国际的文化诗学理念,可促使跨文化、跨文类地建构当代文化诗学观念的新生资源,对增强学生跨文化跨文类的辨析能力可以起到明显的效应。[4]

第四节　以"比较不是学科性质"的
准则调整学生思维方式

比较研究这个名称,很容易造成误读和曲解,似乎简单地采用比较的方法来研究文化就是跨文化研究。比较虽然是跨文化研究学科的重要手段,但比较并不是跨文化研究学科独家所有的方法,比较是人类认知一切事物的基础和基本手段,是认知、辨别和确定事物的异同关系,比较法是最古老、最常用的思维方法。[5]

从本质上来说,各种事物之间普遍存在同一和差异的关系,自从人类诞生以来,其认知活动天生就有比较性。科学研究有一条基本的路线,就是通过辨别各种事物属性的异同或高低,进而比较其性状和程度的差别。比较研究就是对两种或多种有联系的事物进行对照,寻找其相同点与不同点,对其进行解释,并分析其缘由。具体而言,求同比较是寻求不同事物之间的相通之处,探索不同事物发展的统一性;求异比较是寻找两种事物的不同属性,解释它们之间的不同特质,探讨不同事物发展的多样性。揭示其共同规律和特殊规律等,这是进一步全面认知事物的重要途径。由此可见,比较并不是跨文化研究学科唯一的和专有的研究方法,它早已被广泛运用于各个学科,如将比较作为重要手段的邻近学科有比较语言学、比较伦理学、比较民俗学、比较艺术学、比较宗教学、比较历史学、比较社会学、比较修辞学、比较政治学、比较哲学、比较美学,等等。如此看来,比较研究的"比较"因为适用于各个学科而失去质的规定性。因此,比较只是跨文化研究所使用的方法的属性,而不是该学科的性质,只有以"跨文化研究"的观念来比较研究两种以上不同的跨文化交际行为,才能构成这门独立学科牢靠的基石。

明确指出跨文化交际学的学科性质,有助于学生认清"交际比较"或"比较加交际"都不可能成为这门学科独立存在的价值,只有将交际置于跨国家、跨民族、跨语言与跨文化这一基点上,才能成为跨文化交际学必要的前提。在这个基础上,引导学生进一步深化认识,认清任何两个以上事物的比较都不是将它们的全部逐一地进行比照,而仅仅是在特定的标准下就其某些方面来作对比。还有,某些文化现象外在的相似点并不一定具有很大的比较研究价值,而某些文化现象之间表面上风马牛不相及,却存在着内在的可比性。由于西方与东方的思维方式不同,两者异源异质,以西方的文化理论来对东方的文化思想和文化现象加以比较,或者用东方的文化观念去阐发西方的文化体系,都是在不同的文化体系之间进行的,它们之间不仅具有可比的共同性,即"求同"的类比,也具有因为不同的文化语境而形成的差异性,即"求异"的对比。在这种异同的比较对照中,启发学生区别东西方文化的不同特质和独特品格,寻求两大文化体系之间互相沟通的方法和途径,进而将东西各民族文化看作整个人类共同的精神财富,看作互相关联的整体,从而真正理解"跨文化交际研究是促进人类相互理解的重要事业"这个主题重大而深远的意义。

参考文献:

[1]李达三,罗钢.中外比较文学的里程碑[M].北京:人民文学出版社,1997.

[2]黄药眠,童庆炳.中西比较诗学体系[M].北京:人民文学出版社,1991.

[3]陈惇,孙景尧,谢天振.比较文学[M].北京:高等教育出版社,1997.

[4]王岳川.二十世纪西方哲性诗学[M].北京:北京大学出版社,1999.

[5]胡经之,王岳川.文艺学美学方法论[M].北京:北京大学出版社,1994.

（作者:袁　柳）

第四章　提升汉教专业学生跨文化能力程度的思路与措施

第四章 提升汉教专业学生跨文化能力程度的思路与措施

摘要:在当今东南亚兴起汉语热的形势下,培养汉语国际教育专业学生,应侧重于提升面向东盟各国的跨文化能力。本文以汉语国际教育专业面向东盟文化背景的跨文化交际课程建设为核心,从课程体系、课程内容、教学模式和方法、考核方式等方面,研究有效提升汉教专业学生能够面向东盟各国进行跨文化交际的意识、态度、知识和技能的教改路径,以期增强学生跨文化能力。

关键词:汉语国际教育;东盟;跨文化交际;能力程度;教改思路

第一节 提升汉教专业学生跨文化能力程度的需要

一、跨文化交际课程的教研成果相对比较薄弱

目前,国内一些办得好的汉语国际教育专业(以下简称"汉教专业"),本科生实行"3+1"(国内三年+交换到海外高校留学一年)模式,专硕学生实行海外实习的培养模式,给学生创设掌握一门小语种

的有利机会,使其具有海外实践经历,这已成为汉教专业一个鲜明的特色和竞争优势。

2012 年,国家把已经沿用了 27 年的"对外汉语教学"这一专业名称正式更名为"汉语国际教育",明确表示海外才是汉教专业更为广阔的舞台。培养能够胜任海外汉语课堂的国际汉语教师,既是汉教专业的出发点,也是其归宿点。教育部颁布的《普通高等学校本科专业目录和专业介绍(2012 年)》,把"掌握扎实的汉语基础知识,具有较高的人文素养,具备中国文学、中国文化、跨文化交际等方面的专业知识与能力,能在国内外各类学校从事汉语教学,在各职能部门、外贸机构、新闻出版单位及企事业单位从事与语言文化传播交流相关工作的中国语言文学学科应用型专门人才",[1] 作为汉教专业的人才培养目标。国家汉办发布的《国际汉语教师标准》,也明确要求国际汉语教师必须具备"①语言知识与技能。包括'汉语知识与技能'和'外语知识与技能'两个标准……②文化与交际。包括'中国文化和中外文化比较'与'跨文化交际'两部分。要求教师具备多元文化意识,了解中国和世界文化知识及其异同,掌握跨文化交际的基本规则。③第二语言习得理论与学习策略。要求教师了解汉语作为第二语言的学习规律和学习者特点,能够帮助学习者成功学习汉语。④教学方法……要求教师掌握汉语作为第二语言的教学理论和教学法知识,具备教学组织和实施能力。⑤综合素质。主要对教师的职业素质、职业发展能力和职业道德进行描述……"与此相应,汉语本体、汉语作为第二语言的教与学、中国文化、跨文化交际,形成汉教专业的四个学科基础与方向。而事实上,汉语本体、中国文化和汉语教学法已经是国内大学文学院的传统强项专业,而与这三个学科方向相比较,跨文化交际所受重视的程度、师资力量、研究成果与课程体系则明显落后。

跨文化交际学综合文化人类学、语言学、社会学、心理学、传播学等多个学科的理论知识,具有比较强的交叉性与综合性,主要研究不同文化背景下人们在相互交往的过程中遇到的由于文化差异而造成的问题及化解方法,目的是帮助交际者不断增强跨文化意识,自觉排除文化差异所造成的干扰,实现互相理解和彼此适应,从而保证跨文化交际得以顺利进行。[2]因此,跨文化交际能力是一种由语言能力、非语言能力、跨文化理解力与跨文化适应力所构成的综合能力。跨文化交际能力具体表现在以下几方面:首先,在多元文化的社交场合能够准确理解外国人的交际意图,并得体地运用语言和行为传达自己的意愿;其次,具备在目的语环境中建立、维系、发展人际关系的能力;再次,能够妥善处理因文化差异而造成的文化误解以及化解文化冲突;最后,能够在不同文化中找到自己的文化身份定位。

不过,很长时间以来,在汉教专业中,当侧重于面向东盟各国学生的时候,关于跨文化交际的教学往往只有孤立的一门课程,尚未形成应有的配套课程,总学时也比较少;教材不够专业,教学上重理论而轻实训;由非语言教研室的教师主讲,教学内容偏重于中国和东盟的民俗、文化差异的比较,而与语言教学和交际应用的结合度不够;教学模式也比较单一,以教师讲授理论知识为主,在跨文化实践培训方面做得不够,不利于学生跨文化能力的培养和提高。语言和文化各自具有动态发展的特征,同时又互相依赖,互相影响,这就使得跨文化、跨语言的交往与沟通也是动态的、多样的和复杂微妙的。因此,只是了解和识记一些早已定型的理论与知识,已经不能满足交往与沟通的实际需要。[3]

目前,学术界对国际汉语教师的跨文化能力内涵和特点的认识仍然有一定的分歧,国家汉办汉语教师培训和各高校关于跨文化交际训练的教学带有一定的随意性,还处于各自为政、摸着石头过河的起步阶段,尚未形成系统、成熟的模式。本文拟从课程内容、课程体系、教学方法及课程考核方式等方面,探求有效提升侧重于面向东盟各国的汉教专业学生的跨文化交际意识、态度、知识和技能的综合能力的教学模式,为汉教专业学生跨文化能力的教学培训和测评提供应对策略和实证参考。

二、创新跨文化交际教学模式的现实意义与应用价值

如今,各个国家的人们同外国人在旅游、经济、文化、艺术、教育方面的交往越来越多,随着多元文化交流的日益广泛,跨文化交际活动业已成为一种常态,应运而生的"汉语热"也就具有更加重要的现实意义。第二语言教学环境具有显著的全球化与多元化特征,学习者对意义的理解不应仅限于语言字面上的意义,"应该超越对纯粹的语言的理解而上升到跨文化的维度……交际能力必须从跨文化理解和跨文化交际的角度被重新定义"。[4]由此可见,开展提升汉教专业学生面向东盟各国的跨文化能力的教改探索,不仅具有重要的理论意义,而且具有迫切的现实需要。

对于侧重于面向东盟各国的汉教工作来说,在国内从事对外汉语教学,或者去东南亚开展汉语文化传播工作,汉教教师需要与分别来自东盟各国的汉语学习者交流,与来自东盟各国文化背景的汉语学习者进行有效而得当的沟通,以便在面向东盟各国的文化环境中完成汉教任务。汉教活动本身就是中外文化交流与碰撞的跨文化交际,因此对汉教专业学生跨文化能力的培养显得尤为重要且迫切。侧重于面向东盟各国的汉教专业师生正面临着一个学科意义上的现实课题与严峻挑战,必须适应东盟各国的习俗环境,在理解对方的基础上与东盟各国人进行得当而有效的往来,在面向东盟文化背景的环境中顺利完成传播、推广汉语与汉语文化的任务。

在中文一级学科之下,汉教专业是比较年轻的二级学科,对汉教专业学生跨文化交际能力的培训,也是一个比较新的领域,需探求既有针对性又行之有效的跨文化交际的教学模式,使这个二级学科具有更加现实的意义和专业的应用价值。

第二节　跨文化能力概念的辨析及其培养模式遴选

自 20 世纪 70 年代开始,国外的第二语言教学界开始把跨文化交际的相关理论运用到语言和文化的关系研究中,"外语教学离不开文化教学"的观点得以确立。20 世纪 80 年代,跨文化交际理论首先进入我国英语教学领域的研究视野,继而被引进对外汉语教学领域。此后的十多年间,汉语作为第二语言教学出现了研究焦点的"社会文化转向",[6]就对外汉语教学中的文化定位——"教什么"的问题,掀起了"交际文化"和"知识文化"大讨论,代表性的学者如张占一、陈光磊、胡文仲、毕继万、林国立、魏春木、卞觉非、赵金铭、张英、李晓琪、李泉等。这一阶段的跨文化研究主要表现为"汉外文化差异性的对比研究"。

进入 21 世纪,关注外国文化背景的学习者在跨文化交际中所面临的处境,由此提出应对策略和措施,考察外国留学生在华的文化适应、文化冲突及其交际障碍等问题,这种"真正的跨文化交际研究,本世纪初才正式开始"。[5]目前,国内汉教领域的跨文化交际研究尚处于起步阶段,研究成果主要集中在两个方面:一是考察不同文化背景的人交际行为的差异,不同文化与环境对语言和交际的影响,汉外语言文化差异性的比较研究,这方面研究成果比较突出,代表性的学者如毕继万、胡文仲、吴为善、陈国明、高一虹等;二是在跨文化背景下,对个人交际行为演变过程进行考察,对来华留学生的跨文化交际适应性开展研究亦取得比较明显的绩效,代表性的学者如祖晓梅、亓华、史兴松、庄恩平等。

但这还远远不够,对跨文化能力的内涵进行科学梳理的任务,已经提上跨文化交际教研的议事日程,成为开展全面的、有效的跨文化能力培养的重要基础和前提条件。目前,学术界对跨文化能力的概念、内涵和特点的看法仍存在不同的意见,这在一定程度上制约了提升汉教专业学生跨文化能力的实效,因为跨文化能力的培养所包含的教学内容的重点与难点,是由跨文化能力这一理论范畴的内涵所决定的。

一、关于跨文化能力概念表述的分歧

到底应该采用"跨文化交际能力"(intercultural communicative competence)一词,还是采用"跨文化能力"(intercultural competence)一词,这两者之间究竟有什么关联和区别,学术界至今仍存在分歧。目前,西方跨文化交际研究的文献大多使用"跨文化能力"一词,Byram 认为跨文化能力指的是"与非本族文化的人们成功交往的能力"。[4]国内学者祖晓梅曾对国内外关于"跨文化交际能力"概念的意见分歧情况进行总结梳理,她在文中指出,Sercu 认为跨文化交际能力包括语言交际能力和跨文化能力。[6]Byramm 认为跨文化能力是跨文化交际能力的简称,因而使用得更加普遍,而且这两个术语还往往互相混用。[7]在国内相关文献中,关于"跨文化能力"与"跨文化交际能力"这两个术语的分歧更大一些,杨盈、庄恩平认为跨文化能力等同于跨文化交际能力;[8]胡文仲不主张对这两个术语进行明确地区分;[9]蒋瑾却认为,较之跨文化交际能力,跨文化能力是一种内涵更丰富、包容性更广的综合能力。[10]笔者倾向于采纳蒋瑾的观点,不将跨文化交际能力与跨文化能力看作同一个概念,因此本文在行文上采用"跨文化能力"这一术语来表述,旨在强调这种能力的综合性,因为跨文化能力是跨文化意识、态度、知识与技能的综合能力,而不仅仅局限于跨文化交际的技能或行为,"跨文化能力"的包容性更强,内涵更加丰富。

二、对跨文化能力内涵的厘定

跨文化能力本身就是一种综合与复杂的素养,加上不同的专业人士又从不同的视角对其进行厘定,因此跨文化能力这一理论范畴迄今还没有形成学界一致认同的定义。基于语言学的跨文化能力的定义主要有:Deardorff 通过对 23 位跨文化交际研究领域的知名学者进行调查,在此基础上作出定义,认为跨文化能力是"依据自己跨文化的态度、知识和技能,在跨文化环境中有效而得体的交际的能力";[11]Bennet 认为"跨文化能力是用来帮助在多种文化语境中进行有效而得体的交际的一套认知、情感和行为技能"。[12]这两个定义都强调跨文化能力是一种综合能力,包含知识、态度(情感)和技能等维度。而高一虹认为,事实上跨文化能力最主要的特征是"有效性"与"得体性"。有效性是从自身的角度来衡量的,指达到自我设定的预期交际目的;得体性则是从交往的对方的角度来进行评价,指避免违背对方所重视的交际规则。如果使用跨文化交际能力的名称和表述,会容易让人产生误解,以为更强调跨文化的交际行为与技能。[13]

三、对跨文化能力培养模式的辨析与遴选

开展跨文化交际教学的有效手段,是选择适当的教学方法。20世纪六七十年代,培养跨文化能力普遍采用认知模式进行教学,认为对另外一种文化的认知与理解,是同这种文化背景的人们进行有效交往的必备前提条件,认知模式与传统的"教材—讲授"方式相似。Kolb于 1984 年提出了学习循环理论,即学习的过程沿着具体的经历、观察与思考、抽象的概念、积极实践这四个环节形成一个循环。[14]在此基础上,体验模式应运而生,并替代认知模式成为一种新的培养模式。不少的学者陆续提出:当人们从直接与模拟的经历中有所收获的时候,文化学习才能得到最好的实现,体验模式特别适用于涉及认知、情感和技能等综合因素的学习,对提高跨文化意识和转变态度有明显的

作用。

2000 年以后,很多学者尝试将认知模式与体验模式进行有机整合,他们认为将认知与体验这两种模式进行融合,对于提升跨文化能力程度是一种切实有效的方式。Fowler 和 Blohm 提出不必拘泥于某一种模式,跨文化能力的培养应综合采用多种教学方法,并列举了跨文化交际教学中的各种有效方法,如讲授法、案例分析法、角色扮演法、情景模拟法、关键事件法、文化同化法、影像观摩法、自我评估法等,[15] 这些方法已成为国际上跨文化能力培养的主流方法。Brown 指出,文化学习是一种在不同文化之间创造共享意义的过程,这种过程是体验型的,会一直伴随着长时间的语言学习,并深刻地渗透到一个人的思维、情感和行为模式中。[16] 祖晓梅、陆平舟认为,在不少高校跨文化交际课程中,往往习惯于使用传统的认知模式,以讲授为主,很少采纳其他实训方法。传统的认知模式教学,对于丰富汉教教师的文化知识具有显著作用,但对于培养他们的跨文化交际意识、态度与技能却没有明显的效果,国际汉语教师的跨文化交际教学应综合运用案例分析、影视观摩、角色扮演、观察与访问等方法,以便增强成效。[17]

国内学界在第二语言教学中融入跨文化交际的相关理论并开展相应的实践探索的时间还不算长,国家汉办颁布的《国际汉语教师标准》虽然明确要求提升跨文化能力,但是,仅仅提出了原则性的标准与框架性的要求,并没有进一步展开提出具体内容与实施措施。国内对国际汉语教师的跨文化能力培养的教学探索,还没有形成成熟并可供普遍使用的模式。因此,笔者拟从课程体系、课程内容、教学方法等方面进行实践试验与教学改革,以期增强侧重于面向东盟各国的汉教专业学生跨文化的意识、态度、知识和技能,并为汉语国际教育领域的跨文化能力培养与跨文化能力测评,提供应对策略探索与实证参考的借鉴。

第三节　增强学生跨文化能力程度的教改措施

一、进行课程体系、课程内容、教学方法与考核方式的教改

由于跨文化交际学科的交叉性综合性非常强,本文拟借鉴与之密切关联的语言学、文化学、社会学、心理学等相关研究成果,结合第二语言教学的有关原则,以跨文化交际课程建设为核心,以汉教专业人才培养目标与《国际汉语教师标准》为参照,从课程体系、教学内容、教学模式、教学评价等方面,通过系列教学改革与实践训练,探求有效提升侧重于面向东盟各国的汉教专业本科生、研究生跨文化能力的方法和途径,自觉排除文化差异所造成的干扰,在面向东盟各国的情况下,增加相互理解和彼此适应,促进工作和学习顺利开展;提高学生参加国际汉语教师资格考试、国家汉办/孔子学院的公派教师与海外汉语志愿者选拔的通过率,从而增强专业能力、职业能力和就业竞争力。

(一)建设课程内容

首先,甄选教材。跨文化教学先进入的是外语教学领域,所以目前国内的跨文化交际教材编著者大部分是大学外语学院的知名专家,使用者也以外语或国际贸易等专业的学生为主要对象,针对汉语国际教育专业的跨文化交际教材非常少。北京外国语大学胡文仲教授撰写的《跨文化交际学概论》是汉教专业使用比较多的专业教材之一,该书基本囊括跨文化交际的主要理论范畴,但框架体系和内容比较单薄,理论阐释也比较简单,具体案例比较少。该教材于1999年1月出版第一版,尽管经过多次重印,但还没有做过修订,案例方面已比较陈旧,多少有些滞后于当前跨文化交际教学的实际情况与需求。近年来,有些学者结合自身的教学实践,基于汉语海外传播撰写了跨文化

交际的教材,但从框架结构、具体内容来看,有的不像是严格意义上的专业教材,而更像是作者的研究成果合集,带有较重的个人研究意趣的倾向,内容上显得不够系统、全面,各部分的分布不够均衡。因此,笔者拟全面考察分析国内已有的相关教材,重新筛选并确定核心课程的教材。其次,对教学内容进行增补与扩充。现有的跨文化交际教材大多偏重于理论阐释,对实践训练方面涉及不多。本教研课题拟围绕侧重于面向东盟各国的跨文化交际的意识、态度、知识与技能四个方面,加强实践性案例的增补与扩充,广泛收集整理教学内容,从新闻事件、典型案例、影视与文学作品中选择、编排相关素材,特别是搜集整理与广西师范大学开展国际合作的东盟与东亚国家的相关案例,增补到跨文化交际教学的实践训练环节中。

(二)探索与创新教学手段和方法

首先,对知识传授与将知识内化为能力素质这两者之间的关系进行探讨。教学方法与手段的选择受到教学目标和内容的制约,跨文化交际课程与语言学、文化学、社会学、心理学相互交叉,涉及多学科的基础理论,知识繁复。但是,跨文化交际课程的教学目标却又要求落到实践上,需要与日常交际的实际情况密切联系。所以,笔者拟把重点放在侧重于面向东盟各国的意识、态度、知识与技能共同合力下的语言能力、跨文化理解力和跨文化适应力的培养上。其次,开展跨文化交际与语言教学相结合的探索。跨文化交际具有动态性、多样性与复杂性,加上语言现象的纷繁复杂,语言使用的灵活多变,导致如何实现跨文化交际教学与语言教学相结合成为教学过程中的难题。侧重于面向东盟各国的跨文化的语言教学,需要我们和东盟各国的交往对象之间将共通意义空间贯串起来,这种环境与氛围是具有参与性、分享性、交流性的。本教改课题拟将语言的学习、接受与使用,渗透到学生的思维、意识与行为模式中的成效作为重点探讨课题。再次,计划开展传统教学模式与创新教学模式相结合的实践。传统以"课本—讲授—讨论"为主的模式,比较适用于理论性、知识性的课程内容教学,便于教师对课堂环节进行把控,利于快速推进教学进度,确保教学目标与任务的达成,有助于学生对知识的记忆与理解;但是,对能力的培养、提升与实践应用等方面,则显得检验性不足、应对性不强。而单纯的实践性案例分析、影视观摩、角色扮演、情景体验、观察与访问等教学方法的运用,虽然有利于实践经验的获得,能够促进实际能力的锻炼,但也存在一定的局限性,容易产生理解偏差,对教学任务的推进与教学目标的达成产生一定的阻碍。与此同时,也在案例选择、情景营造、教师的引导分析能力与课堂掌控能力等方面形成更严的标准。因此,笔者准备尝试运用"认知模式+体验模式"的教学方法,将两者的长处综合发挥出来,用于开展侧重于面向东盟各国的跨文化交际课程的教改实践,以教学过程为本,以学生为中心,增加践行性的实训环节,让学生参与对东盟各国文化的描述、解释、比较、表演与评价,培养学生侧重于面向东盟各国的跨文化交际的意识、态度、知识与技能的综合能力。

(三)建设课程体系

目前,不少高校汉教专业的跨文化交际课程往往只有单独一门课程,还没有形成课程体系,没有辅助性的选修课作为补充与拓展。针对这一薄弱环节,本教改课题计划开展混合式课程体系建设,增设线上线下选修课,建设课程资源库,以期形成侧重于面向东盟各国的跨文化交际的课程体系。笔者拟开设一门侧重于面向东盟各国的跨文化交际案例分析的实践训练类课程,作为核心课程的呼应与补充;并利用网络慕课资源,选取国内名校名师的侧重于面向东盟各国的跨文化课程2—3门,作为线上备选选修课,让学生根据自己的跨文化能力测评结果与自身兴趣,任选其中一门作为专业选修课。

（四）改革考核方式

跨文化交际课程有一个重要特点，就是强调理论联系实际。本教改课题不仅沿用传统的以理论知识作为考核点的做法，而且把理论知识考核和素质技能考查密切结合起来，将期终考试与平时实训测试结合起来，加大平时实训评估的权重，围绕侧重于面向东盟各国的意识、态度、知识与技能等环节，促使考核内容向复合型、考核时间向全程化转型。在课程开始的前、中、后期，分别对学生进行三次侧重于面向东盟各国的跨文化能力程度测评，通过全程式教学评估的反馈，考察并记录学生在整个学习过程中侧重于面向东盟各国的跨文化意识、行为、技能的转变，以期提升教学质量，促进课程教学目的的达成。

二、切实解决课程体系、课程内容与教学模式存在的问题

本教改课题通过前述一系列教改活动，有的放矢地逐一应对这些长期存在的问题，并力图加以解决。

（一）以切实可行的措施健全与完善配套性的课程体系

汉教专业在汉语本体、中国文学与文化、教学法等方面，都开设了多门相关的配套课程，已经形成比较完整的课程体系，而唯独跨文化交际课程只有一个学期的必修课。为了解决这一问题，本教改课题拟开展混合式的跨文化交际课程体系建设，计划增设线上线下的选修课，建设课程资源库，以期形成配套的课程体系，增设操作型与实训类的线下选修课，并利用国内名校名师丰富多样的网络慕课资源，选取其中优质与合适的配套性课程 2—3 门，作为线上备选选修课，让学生自由选修，进行课程学习的补充与拓展。

（二）切实解决课程内容与语言教学结合不够的问题

由于师资方面的原因，有些高校文学院汉教专业的跨文化交际课程长期由非语言教研室的教师担任。因为专业视角不同，教学内容偏重于文化理论知识层面，即使在面向东盟各国的时候，也主要是关注

东盟各国文化的差异性,侧重于介绍东盟各国地理环境、历史、文化、宗教、民俗等方面的知识,而对跨文化交际与语言教学之间的关系,结合相关语言点开展教学等关注不够。本教改课题拟全面考查分析国内已有的教材,重新筛选并确定核心课程的教材,广泛收集整理中国与东南亚各国文化差异的典型案例以及相关影视、文学作品的素材,特别是与学生主要奔赴的交流国家——东盟与东亚国家的相关语言文化现象,作为教学的补充内容,结合语言教学展开实训与实践活动,切实解决文化差异对语言与交际产生影响的问题。

(三)努力解决教学模式单一及其实践环节薄弱的问题

有些高校文学院汉教专业的跨文化交际课程以教师讲解、学生听课为主,对培养学生的跨文化交际意识与能力程度重视不够。本教改课题拟采用认知模式与体验模式相结合的教学方式,以学习与训练过程为本,大量开展侧重于面向东盟各国的情景教学、案例分析、角色扮演、文化体演等交际性的实践训练,催化跨文化理论知识切实转化为跨文化能力,促进侧重于面向东盟各国的跨文化意识、态度、知识与技能这四个维度的全方位提升。

三、力争在课程体系资源库、教学模式与考核方式方面实现创新

(一)建设配套性的课程体系资源库

拓展混合式的跨文化交际选修课程,利用国内"985 大学"或"211大学"教学名师的网络慕课资源,选取若干门相关的慕课课程,作为跨文化交际课程体系的补充与配套,笔者通过所在学校的网络教学平台,建设配套性的课程体系资源库,改变跨文化交际只有单独一门课程,不配套且不成体系的现状。准备开发一门侧重于面向东盟各国的线下的参与性、体验性强的实训类选修课,提高操作性、实践性教学的比重。

（二）创新教学模式

笔者拟对现有的偏重理论知识，偏重课堂讲授，而实践性、操作性相对薄弱，实训与锻炼不足的教学模式进行纠偏，将认知模式与体验模式紧密结合起来，让学生成为进行实际锻炼的主体，在操作性的实训过程中，参与对东盟各国文化的描述、解释、比较、评价与表演，通过案例分析、情景创设和角色体演，增强交流、分享与经验获得的学习兴趣，让跨文化理论水平向侧重于面向东盟各国的跨文化能力程度转化。

（三）创新考核方式

笔者将努力促使考核内容向复合型转化，考核方式向实训型转化，考核时间节点向全程式转化。对于核心课程的考核方式，选择理论知识与素质技能双重评估的办法，在课程进行的前、中、后期三个时段，分别对学生进行侧重于面向东盟各国的跨文化能力程度测评，实施动态性全程式的教学评估，观察并记录学生在学习过程中侧重于面向东盟各国的跨文化行为、技能、意识的转变情况，并根据上述动态的考核跟踪记录，调整教学应对策略，从而促使本教改课题目标最终得以实现。

参考文献：

[1]中华人民共和国教育部高等教育司.普通高等学校本科专业目录和专业介绍（2012年）[M].北京:高等教育出版社,2012.

[2]毕继万.跨文化交际理论研究与应用[M].北京:北京语言大学出版社,2014.

[3]袁继春.以培养学生探究学习能力和创新精神为导向的任务驱动性跨文化交际教改研究[J].语文学刊,2016(10).

[4]秦希贞.中美跨文化交际误解分析与体演文化教学法[M].北京:外语教学与研究出版社,2017.

［5］亓华.汉语国际推广与文化观念的转型［J］.北京师范大学学报(人文社会科学版),2007(4).

［6］Lies Sercu, Ewa Bandura. Foreign Language Teachers and Intercul- tural Competence:an International Investigation［M］. Buffalo:Multilingual Matters,2005.

［7］Michael Byram. Teaching and Assessing Intercultural Communi-cative Competence［M］. Shanghai:Shanghai Foreign Lan-guage Education Press,2014.

［8］杨盈,庄恩平.构建外语教学跨文化交际能力框架［J］.外语界,2007(4).

［9］胡文仲.跨文化交际能力在外语教学中如何定位［J］.外语界,2013(6).

［10］蒋瑾.跨文化能力分类及培养的思考［J］.比较教育研究,2013(9).

［11］Darla K. Deardorff. The Identification and Assessment of Inter-cultural Competence as a Student Outcome of International-ization［J］. Journal of Studies in International Education,2006(3).

［12］J. M. Benntt. Transformative Training:Designing Programs for Culture Learning［J］. Exploring the Cross-Cultural Dynamics Within Organizations,2009(00).

［13］高一虹.跨文化交际能力的培养:"跨越"与"超越"［J］.外语与外语教学,2002(10).

［14］David. Kolb. Experiential Learning:Experience as the Source of Learning and Development［M］. Englewood Cliffs, NJ:Prentice Hall,1984.

［15］S. M. Fowler, J. M. Blohm. An Analysis of Methods for Inter-cultural Training［C］// LANDIS D,BENNETT J,BEN-NETT M. Handbook of Intercultural Training. 3rd ed. Thou-sand Oaks. CA:Sage Publication, 2004.

［16］H. D. Brown. Teaching by Principles:an Interactive Ap-proach to Language Pedagogy［M］. London:Pearson Educa-tion ESL,2007.

［17］祖晓梅,陆平舟.国际汉语教师跨文化交际培训的模式［A］.世界汉语教学学会秘书处.第十一届国际汉语教学研讨会论文选［C］.北京：高等教育出版社,2012.

（作者：袁　柳　　韩　明）

第三编
践行编

第五章　国内对泰幼儿汉语教研成果综评

——兼谈关于其他国家幼儿汉语教学的研究概况

第五章　国内对泰幼儿汉语教研成果综评

——兼谈关于其他国家幼儿汉语教学的研究概况

　　摘要:近年来,国内围绕对泰幼儿汉语教学问题涌现了大量的论文,尽管大部分论文都是个案研究,有的论文只涉及某个课堂案例分析和某种教学手段的尝试应用的层面,论述方面显得稚嫩不足,有的论文调研范围只是涉及某个学校,缺乏一定的代表性和普遍意义。但是,这些论述是来自第一线的教学体会和总结,最直接最真实地反映了对泰幼儿汉语教学的现状,这些带有实践性和操作性的应用研究,有助于我们了解泰国幼儿汉语教学的具体情况,给后续的赴泰幼儿汉语教师提供经验性的借鉴和操作性的参考,给赴泰汉语志愿者的培训以及汉语国际教育人才的培养提供资料,为学科建设和学科史研究积累基础性的素材。

　　关键词:汉语国际教育;对泰幼儿汉语;海外幼儿汉语;教学研究;综评

第一节　泰国幼儿汉语教学情况概述

　　泰国是亚洲东南部国家,位于亚洲大陆中南半岛中部,与缅甸、老挝、柬埔寨、马来西亚等国相接壤,东南濒泰国湾,西南临安达曼海。境内大部分地区为山地和高原。泰国国土面积达 51.31 万平方千米,在东南亚地区仅次于印尼和缅甸,居第三位,是东盟三大创始国之一。中泰两国人民的友谊源远流长,汉字文化圈的形成与发展影响到东南亚的越南、泰国、马来西亚等国,从几百年前开始,很多中国人就漂洋过海到泰国定居,成为泰国社会一个重要的组成部分。自中国—东盟自贸区成立以来,中泰两国的交流越来越频繁,尤其是泰国王室的引领和政府的推动,促进了中泰两国文化的交流与合作,汉语教学在泰国被普遍推广,影响面越来越大,对促进汉语在东盟地区的传播发挥了重大的示范带头作用。国家汉办孔子学院总部网站显示,截至 2019 年,泰国全境共有孔子学院 17 所和孔子课堂 11 个,同东盟其他国家相比遥遥领先。从下面这个关于东盟各国孔子学院和孔子课堂的数量统计表中,也可以看出泰国民众对汉语的欢迎程度,对汉语学习的热情正在高涨。孔子学院主要建立在海外的大学,与此不同的是,孔子课堂主要设置在海外的中小学里,所面对的学习者往往是未成年人,年龄比较小。从 2005 年起,全球第一家孔子课堂落户在泰国岱密中学[1],泰国孔子课堂的数量远远超过其余 9 个东盟国家的总量,这一情况反映了泰国的汉语学习者已经突破了以大学生、成年人为主体的格局,低龄化的趋势越来越明显。

东盟各国孔子课堂和孔子学院数量统计

	泰国	印尼	马来西亚	菲律宾	缅甸	新加坡	老挝	柬埔寨	越南	文莱
孔子课堂	11	0	1	0	3	2	0	0	0	0
孔子学院	17	7	4	4	0	1	2	2	1	0
合计	28	7	5	4	3	3	2	2	1	0

2003年泰国作为全球首批试点国家之一,第一次接受中国海外汉语教师志愿者23名,从此以后人数逐年增长,一直位居东盟各国之首,2016年达到1 700名,截至现在,泰国累计接受中国海外汉语教师志愿者人数已经超过1万名。在泰国各地的1 000多所学校里,活跃着来自中国的汉语教师志愿者,实现了从幼儿园、小学、中学到大学所有办学层次的全覆盖。在泰国,汉语仅仅位居英语之后,业已成为第二大的外语语种。

在泰国,由宗教界、工商界等社会团体或社会名流资助创立的民办学校数量众多,已经构成泰国基础教育组织的一个重要板块,私立学校往往学费比较贵,财力比较雄厚,在教师聘请和使用方面比较自由灵活,在课程设置上有更多的自主权,这样的优势使它们在开设汉语课程方面更加主动,也更为积极。从1992年起,泰国的民办学校开始获准自主开设外语课程,一些华人学校因而率先设置汉语课程。进入21世纪以后,开设汉语课程的民办学校逐渐增多。外语学习要从学前教育时段抓起,如今开设汉语课程并聘请中国的汉语教师,已经成为泰国一些民办幼儿园突出外语教学、提高国际化教育程度的基础工程。开设汉语课程的泰国学校早已超出华人学校的范围,汉语学习者人数越来越多,在社会上分布广泛。笔者曾经到泰国某教会学校的幼儿园部教幼儿汉语,该教会的教育集团在泰国办有上百所学校,从2005年起,该教育集团在曼谷其所管辖的学校的幼儿园部开始设置汉语课程。笔者当时所任教的学校位于经济相对落后的泰北小城达府,该校的中小学部从 2006 年起开设汉语课程,幼儿园部从 2009 年开始上汉语课。目前,该教育集团所管辖的学校,除了个别边远地区的学校外,大部分学校的幼儿园部均开设了汉语课程。据国家汉办/孔子学院总部相关负责人介绍,海外汉语学习者正呈低龄化、大众化的普及态势,上大学前就开始学习汉语的人数猛增。以前,在泰国学习汉语大多出于个人的职场需要或者外语学习兴趣,现在已经形成政府带头引领推动,学校积极组织安排,家长主动选择,学生热情参与的格局。在泰国,汉语教学正从大学向中小学延伸,K-12(从幼儿园到高中)成为汉语教学最重要的"增长极",中文课正成为泰国学校的新竞争力。

第二节　关于对泰幼儿汉语的教学研究成果

目前,在中国知网上以"泰国幼儿汉语教学"为探讨对象的研究成果为数不少,2007 年是该学科史的重要分界线,此前的相关研究成果屈指可数,此后逐渐增多,并达到一定的规模。但是,大部分关于"幼儿汉语""儿童汉语"的论文,实际上只是针对 7—12 岁的学龄儿童的研究论文,而并不是本文所专指的"幼儿汉语",真正与本文所讨论的对象和范围相符,专门针对泰国 3—6 岁年龄段的幼儿汉语教学的研究成果,主要是近十年来才出现的一部分汉语国际教育硕士学位论文。

总体上来看,国内学界对海外幼儿汉语教学的重视程度不够,相关的研究起步比较晚。2006 年以前,学术界还没有能够跟上泰国幼儿汉语教学的发展步伐,并未将其纳入研究视域,只是在个别关于东南亚汉语教学的论文中,例如 1997 年罗庆铭的《谈对华裔儿童的华语教学》,1998 年金宁的《东南亚地区华裔儿童学习汉语的特点及其教学对策》等论文中偶尔提到。金文强调对华裔儿童开展华文教学时，不能采用传统的现成的（适合成年人的）第二语言教学的方法，而应该选用针对儿童的教学方法和手段。[2]罗庆铭在文中提出关于儿童汉语教学的"以听说为重点，分阶段进行读写训练；以情境为主线，展开课堂教学；以交际文化为先导，逐步引入知识文化"的三个原则。[3]此外，2004年彭晓川、贾冬梅在合著论文中首次提到东南亚汉语教育出现了走向低龄化的趋势，认为传统的汉语教学模式已经不能适应各国少儿汉语教学发展形势的需要，应该积极地应对低龄化的汉语学习现状，探索出符合少儿汉语教学实际的新模式。[4]可以说，在这个阶段，关于泰国幼儿汉语的教学研究仍处于零散状态，还没有形成专门、系统的论述。

2006年李润新、彭俊主编的论文集《世界少儿汉语教学与研究》，是国内最早系统论述少儿汉语教学的著作之一，在该领域被认为是开拓性的研究成果。该书对世界少儿汉语的教学定位、教学目标、教材选择、分班标准、授课方法等问题作了专门的探讨，书中的大部分论文主要以国内的国际学校中的外籍少年儿童为研究对象，包括幼儿园的孩子和小学生，故而书名采用"少儿汉语"一词，而未使用"幼儿汉语"一词。该书具有较高的学术价值，虽然并不是关于泰国幼儿汉语教学的专门研究，但它对后来的幼儿汉语教学和科研起到了很好的参考和借鉴作用，此后不少关于泰国幼儿汉语教学的论文，都不约而同提到此书的重要影响。该书主编李润新认为："世界少儿汉语教学的学术园地似乎仍是未开垦的处女地"，"（世界）少儿汉语教学研究状况远远落后于形势的要求，无论从少儿汉语教学的教材编写上看，还是从少儿汉语教学的学理研究上看，与成人汉语教学的研究成果相比，差距都很大"。[5]在谈到关于世界少儿汉语教学的地位时，李润新强调："少儿汉语教学是汉语作为第二语言教学独具个性的组成部分，是其基础工程、未来工程和战略工程。"[6]

对于汉语国际教育领域而言，2007年是至关重要的一年，为了同汉语国际推广的发展态势相适应,促动汉语国际教育走向全球的步伐,我国特此明显加大力度,大力培养汉语作为第二语言教学的新生师资力量,专门设置了汉语国际教育硕士专业学位。汉语国际教育专业的硕士,除了在母校完成学科知识研修和面对留学生的实训之外,还要赴海外开展教学实习。因此,以汉语国际教育硕士学位论文的作者为主要群体,关于海外幼儿汉语教学的调研报告和教研成果日趋增多,与此相应,对泰幼儿汉语教学这个新生的研究对象正式进入学界视野,进而在研究内容上有所拓展,得到细化。在近十多年的汉语国际教育硕士学位论文中,以对泰幼儿汉语教学实践为基础的调查分析报告数量最多。其次是对课堂教学活动进行分析探讨的论文,此类论文通常是作者根据自己在泰国某个幼儿园的教学实践活动的经验进行总结和反思,内容涉及的面也比较宽泛繁复,譬如关于泰国幼儿汉语教学的现状,教材的编写和选用,教师队伍的现状、教学方法、案例教学、活动设计等方方面面,均有专门的涉及或论述。

从汉语国际教育硕士论文中可以明显看到,以某校的汉语教学情况作为调查报告的形式数量最多,比例最大。2012年姚媛结合自己所实习的泰国幼儿园汉语教学的实际情况,专门开展实践性的调研活动,提出应对低龄化的教学对象,必须编写国别化的针对性强的幼儿汉语教材,采取适合的教学方法,这是亟待解决的问题。[7]2014年李月梅对自己所实习的幼儿园进行探讨,从校方投入的经费支持、教学硬件设施、师资聘用管理、教材选用、课时设置等方面开展调查分析,指出提高幼儿汉语教学质量,需要从硬件和软件两个方面同步加强,教材和幼儿汉语教师的教学水平是关键。[8]2015年罗苏春对19所泰国幼儿园开展了汉语教学情况调查研究,在这19所幼儿园中,开设汉语课程的有16所,占所调查幼儿园总数的84.2%,文中提到泰国官方没有制订具体的幼儿汉语教学大纲,缺少幼儿汉语的相关教材和配套教具,泰国私立幼儿园的汉语教学基本处于全由任课教师一手包办的状态,从教学大纲设定、教材编写、课时安排、课堂实施、教学研讨到效果评估,都由任课老师自主决定。[9]

不少汉语国际教育硕士在国内从本学科学到了专业的教学方法和技巧,尝试应用到海外的幼儿汉语课堂中,检验其践行效果,并根据课堂实际情况的反馈,相应调整教学方法,提高教学质量。相对而言,这一类带有检验性、反思性的教研成果也比较丰富。2008 年程爽发表在泰国某幼儿园任教的教研成果,她曾经选择不同的授课方法,在不同的班级进行教学实验(共在三个班级尝试),详细记录和分析了三种授课方式的课堂效果,试图寻找到最适合泰国幼儿汉语课堂的具体途径。文章指出三种授课方式各有利弊,对泰幼儿汉语的教学不应囿限于某种方法和手段,而应该因国别、因程度、因学生而操作和执行。[10]2012 年田海丽在泰国某华校的幼儿园开展针对华裔幼儿的汉字教学调研,根据幼儿在识字时所具有的图画整体认读、遗忘快和迁移慢这三大特点,尝试进行简单的象形字教学,以便改善教学效果。[11]2013年袁柳结合学前教育学、儿童心理学和第二语言教学的相关基础理论,认为由于幼儿在思维能力、认知水平、记忆力特点、语言发展程度等方面都存在着许多特殊性,应当把对泰幼儿汉语教学定位为启蒙教学,并制定相应的教学原则,以便实现教学定位的目标要求。给幼儿上汉语课不应该照着语言学科的学术逻辑去讲授,而应该依据幼儿的心智发展程度、语言学习能力和生活常识的已有积累,开展汉语启蒙教学。[12]2013 年王璐瑶借用儿歌、舞蹈、游戏、绘画等艺术形式,开展对泰幼儿汉语教学实践,分别对使用不同方式的不同课堂效果进行比较和鉴别,从中寻找最适合对泰幼儿汉语课堂的教学方法,提炼出首先用"儿歌"进入教学前奏状态,用"游戏"形象地教词汇,用"情景"生动地教语法,用"图画"教象形汉字的教学模式。[13]2015 年池洁明论述了相应教具对于激发幼儿汉语学习兴趣的影响作用,认为由于幼儿天性爱玩,喜欢探索,教具既是课堂教学的工具,又是幼儿学习过程中的玩具,是对外汉语课堂不可或缺的重要媒介,能够激发幼儿对于汉语学习的情感认同。[14]

　　还有一些论文涉及教材和教师研究方面:2014 年卢佩的硕士论文关注如何编撰对泰幼儿汉语教材的问题,她详细分析现有泰国幼儿汉语教材所存在的不足,提出了因国制宜的教材建设目标,并就教材中的拼音、词汇、会话及汉字等部分提出了具体的编写设想。[15]袁柳在其硕士论文(2013)中谈到赴泰开展幼儿汉语教学的教师没有合适的教材,只能个人自行搜集和筛选教学内容,所以组织与编排适合教学目标的内容,成为赴泰幼儿汉语教师的重要基本功和前期任务。同时还强调选择、组织与编排教学内容之时,应该突出日常性、生活性、趣味性和互动性,以听说领先。[16]2014 年郭美彤专门以泰国幼儿汉语教师的课堂教学语言为具体研究对象,指出汉语教师的课堂教学用语应该与幼儿心智成长阶段的特点相适应,尽量减少指令性语言的使用,尽可能多采用建议性的语言,课堂提问用语应该注重开放性,对幼儿的评价性语言应该具体而明确。[17]2015 年黎贞结合具体的对泰幼儿汉语词汇教学案例,主张在对泰幼儿汉语词汇教学中,应该以直观性、实用性的词汇为主要教学内容。[18]2015 年罗苏春在其专题调查报告中指出,在泰国流通的汉语教材种类虽然不少,但仅有一种《汉教幼儿课本》是为 4—7 岁的幼儿编撰的,调查报告所涉及的 16 所开设汉语课程的私立幼儿园,仅有 2 所幼儿园提供教学用书,幼儿园汉语教材的缺乏,导致泰国幼儿园汉语课程在教学内容的安排上随意性较大。[19]

　　大量关于对泰幼儿汉语教学研究的硕士论文的涌现,一方面有助于我们了解泰国幼儿汉语教学的现实情况,具体直接地反映了泰国幼儿汉语教学活动迅猛发展的势头,积累了对泰幼儿汉语的教研成果,成为探讨对泰幼儿汉语教学的第一手研究资料。另一方面,汉语国际教育硕士论文往往只是以自己实际接触的某些泰国学校的汉语教学情况为个案研究对象,有的论文只涉及某个课堂案例分析和某种教学手段的尝试性应用这种层面,理论探讨上显得比较稚嫩、表浅,暴露出教研水平方面所存在的问题。有的论文涉及的学校比较少,调查研究的范围不够广泛,没有能够上升到基本面考察和深入剖析的层次,缺乏一定的代表性和普遍意义。但是,无论如何也应当看到,如此大批量的对泰幼儿汉语的教研论文的涌现,这些来自第一线的教学体会和实践经验总结,最直接、最真实地反映了对泰幼儿汉语教学的现状。这些带有实践性和操作性的应用研究,有助于我们了解对泰幼儿汉语教学的具体情况,给后续的赴泰幼儿汉语教师提供经验性的借鉴和操作性的参考,给赴泰汉语志愿者的培训以及汉语国际教育人才的培养提供第一手资料,为学科建设和学科史研究积累基础性的素材,促使对泰幼儿汉语教学正式进入国内学界的视域。

第三节　关于其他国家幼儿汉语教学的研究概况

如前所述,世界幼儿汉语教学从 2007 年起才真正进入国内学界的研究视域,所以,海外幼儿汉语的教研成果,从数量上看,不像海外青少年汉语、海外成人汉语的教研成果那样已经形成大的规模;从质量上看,还有待更多专家、学者的学术参与和科研提升。笔者在进行海外幼儿汉语教研成果的检索和收集时,发现有一些关于海外幼儿汉语的教研论文,虽然并不是专门针对泰国幼儿汉语的教研成果,但仍然有相应的参考价值,在一定的意义上,可以为对泰幼儿汉语的教学和科研提供有益的参考和借鉴,因此,笔者在此一并兼而论之。

近年来,印尼汉语教育发展也非常迅速,大有迎头赶上之势,针对印尼幼儿汉语的教学研究也相应增多。2013 年方小燕把 14 篇关于印尼华校少儿汉语教学研究的汉语国际教育硕士学位论文汇编成书,命名为《海外少儿汉语课堂教学与研究》正式出版,这个论文集针对性较强,分别涉及少儿汉语的语音、语法、词汇、汉字等语言要素的教学,并结合具体的教学方法和课堂案例展开论述,形成比较完整的体系,具有一定的参考作用和应用价值。[20]2014年商艳涛、杨恒通过记录比较详细的教学实验活动,探讨全身反应法(TPR)在印尼幼儿汉语教学中的应用效果。[21]

除泰国、印尼以外,还有关于新加坡、菲律宾、韩国、美国、加拿大等国家幼儿汉语的教研论文和调研报告。2009年施锦云发表论文讨论新加坡华裔幼儿的汉字教学问题,提出幼儿阶段的汉语学习,应该创设特定的学习情境,开展形象生动、浅显易懂的基础性学习。[22]2010年王琳借鉴蒙台梭利的教育学说,提出幼儿汉语教学不能囿于教材的形式和内容,唯此为大,而应该根据幼儿智力发育和成长阶段的特质,针对幼儿的天性,采用丰富多样形式生动的方法,激发他们的兴趣,让他们在潜移默化中学习汉语。[23]这一类研究还从认知水平、学习动机、语言环境等方面分析儿童课堂学习外语的特点,结合具体的教学案例,提出关于儿童汉语教学的"教学模块组装"这个课程设计思路。2012年刘亚非介绍了美国俄勒冈州彩虹桥汉语学校制订的幼儿园学生汉语评估标准,提出应打破年龄的界限,以学生的能力和潜力作为幼儿汉语课的分班标准,实施混合年龄班级的教学模式,与此同时,还从拼音、独体字、象形字、形声字等方面对教材建设提出了具体的建议。[24]2012年晋小娜发表论文,介绍在美国幼儿园分别采用沉浸式教学法、TPR教学法、直观教学法、活动教学法等四种方法,在四个班级中开展幼儿汉语教学的情况,并对比分析相应的教学效果。[25]2013年黄颖发表论文,以韩国幼儿汉语教学的课堂为案例进行探讨,根据相应的教学内容设计相应的游戏环节,从中总结游戏教学法的注意事项、设计方法、课堂程序、反馈和评估标准。[26]2014年纪晓慧根据幼儿第二语言习得规律,探讨塞尔维亚幼儿汉语教材的编写原则,提出应结合儿童语言习得规律来编写教材。[27]

还有不少学者关注海外幼儿汉语师资培养问题。2010年8月第十届国际汉语教学学会在沈阳召开学术研讨大会,王宏丽在大会上发言,强调要重视海外低龄儿童汉语教学的薄弱环节,要从师资队伍的素质培育和技能提升方面入手,建构夯实教书育人功底的培养模式,培养具有胜任力的汉语国际教育的师资力量。[28]这一课题在日后继续引起关注并得以拓展。在 2012 年召开的"第十一届国际汉语教学研讨会"上,谢绵绵提出促进加拿大幼儿汉语教师本土化的问题。[29]特别值得一提的是,这是"国际汉语教学研讨会"召开以来,首次以专题的形式关注幼儿汉语教学的师资培养问题。"幼儿和中小学汉语教师的培养"被列为本届大会研讨的七个专题之一。2014 年胡星撰文专门探讨幼儿汉语教师的课堂管理能力,并分析这一能力对菲律宾幼儿汉语教学课堂效果的影响。[30]2015 年刘谦功在论文中对幼儿汉语教师提出带有基本性的要求,首先,要做好换位思考,了解幼儿内心世界的想法,学会从幼儿心灵的视角出发,以幼儿的眼光看待一切,只有这样才能切实发挥因材施教的作用,真正起到学前启蒙的效果;其次,要练好扎实的基本功,除了掌握第二语言习得的基本规律以外,还要熟悉儿童教育心理学,做到幼儿汉语课程浅显易懂,灵活生动,形象直观,具有适合幼儿的可读性和易读性;还有,要具备有效掌握课堂活动的能力,具有亲和力和感染力,趣味性和吸引力,吸引幼儿的注意力,激发他们的学习兴趣,切实取得良好的效果。[31]

第四节　结　语

就国内的汉语国际教育研究领域而言,在对外幼儿汉语教学的国别研究范畴内,专门探讨对泰幼儿汉语的教研成果数量比较多,涉及面比较广,成果比较突出,而且研究内容逐渐有所拓展和细化,比如教学现状调查、教学原则、教学方法、教材编写、语言要素教学、幼儿汉语教师素质的培养等方面。但是,我们也要正视对泰幼儿汉语教学研究中所存在的问题:

一、概念界定不够清晰

笔者认为,"幼儿汉语"应是专门指针对 3—6 周岁的学龄前幼儿的汉语教学。长期以来,国内关于"海外幼儿汉语""海外儿童汉语""海外少儿汉语"这几个概念之间没有明确、清晰的界限厘定,随意性比较强,甚至还出现混淆这四个概念的情况,面对大致相同的对象,有的使用"海外幼儿汉语",有的使用"海外低龄儿童汉语",有的使用"海外儿童汉语",有的则笼统使用"少儿汉语"等各种不一致的概念,论文中根本没有明确划分出不同的教学对象的年龄段,笼统地将上述四者大致看成同一个概念。必须明确一个基本前提,少儿与幼儿是明显不同的两个概念,他们之间在心智、认知、记忆上存在着较大的差异,他们对母语的学习能力和掌握程度有明显的高低之别,因而第二语言学习的模式势必存在较大差距。在不同的教学对象面前,必须予以区别对待,必须有针对性地专门开展对泰幼儿汉语的教学研究。

二、没有得到汉语国际教育领域的足够重视

在泰国,开设汉语课程业已成为办学新的竞争力,低龄学习者是泰国汉语教学新的增长极。虽然对泰幼儿汉语教学如此蓬勃发展,但相对而言,对泰幼儿汉语教材的开发和教学方法的研究却明显滞后,绝大部分现有的对泰汉语的教研成果,都是针对青少年和成人汉语教学而展开的。需要特别指出的是,幼儿处于独特的身心发展阶段,关于幼儿的汉语教材和教学模式,必定与其他年龄段的学习者存在着明显的差别,对泰幼儿汉语是海外幼儿汉语教学中独具个性的有机组成部分,是汉语国际教育领域基础工程、未来工程和战略工程的组成部分,[32]需要大力开展理论联系实际的教学研究,在专门的学科建设层面上的学术探讨。

三、缺乏全面、深入和系统的学科性研究

如今泰国幼儿汉语教学的发展势头迅猛,国内相关的教研成果仍然以汉语国际教育硕士学位论文为主,其中不少以调查报告的形式写成的硕士学位论文,研究范围往往局限于泰国的某个学校,未能在泰国的某一地区或全国范围内展开广泛的调研。除了调研范围不够广,缺乏代表性和普遍意义以外,不少论文仅仅停留在个别的课堂案例分析,停留在某种教学手段的尝试这一层面,未能形成全面、深入和系统性的探讨,缺乏专门性的具体学科建设的层面上的学术探讨。本文特此梳理对泰幼儿汉语教研成果的现状,期待更多的专家、学者关注对泰幼儿汉语教学这一特定的领域,开展对泰幼儿汉语教材、教学模式、师资培养等方面的研究,以便形成强有力的学科理论支撑和实践指导,推动对泰幼儿汉语教学更好地持续发展。

参考文献:

[1]王玲玲.泰国汉语教育与中华语言文化传播[J].南洋问题研究,2015(4).

[2]金宁.东南亚地区华裔儿童学习汉语的特点及其教学对策[J].华侨大学学报(哲学社会科学版),1998(1).

[3]罗庆铭.谈对华裔儿童的华语教学[J].世界汉语教学,1997(3).

[4]彭小川,贾冬梅.浅谈东南亚华文教育的未来趋势[J].高教探索,2005(3).

[5][6][32]李润新.世界少儿汉语教学与研究[M].北京:北京语言大学出版社,2006.

[7]姚媛.泰国幼儿园汉语教育现状调查分析[D].桂林:广西师范大学硕士学位论文.2012.

[8]李月梅.泰国幼儿园汉语教学调查研究与分析——以海洋之星学校为例[D].新乡:河南师范大学硕士学位论文.2014.

[9][19]罗苏春.泰国幼儿园主题式汉语教学调查研究[D].南昌:江西师范大学硕士学位论文.2015.

[10]程爽.基于对比试验的泰国儿童汉语教学模式研究[D].济南:山东大学硕士学位论文.2008.

[11]田海丽.泰国华裔幼儿汉字教学研究[D].广州:广州大学硕士学位论文.2012.

[12][16]袁柳.对泰幼儿汉语教学课堂活动的探究与实践[D].桂林:广西师范大学硕士学位论文.2013.

[13]王璐瑶.泰国幼儿汉语课堂中有效的教学方法的探析[D].石家庄:河北师范大学硕士学位论文.2013.

[14]池洁明.论泰国幼儿汉语学习兴趣的激发[D].桂林:广西师范大学硕士学位论文.2015.

[15]卢佩.浅析泰国幼儿汉语教材的编写[D].南昌:南昌大学硕士学位论文.2014.

[17]郭美彤.幼儿汉语教师课堂语言的考察与分析[J].现代语文(语言研究版),2014(11).

[18]黎贞.对泰幼儿汉语词汇教学案例分析[D].昆明:云南大学硕士学位论文.2015.

[20]方小燕.海外少儿汉语课堂教学与研究[M].北京:科学出版社,2013.

[21]商艳涛,杨恒.全身反应法(TPR)在印度尼西亚幼儿汉语教学中的应用[J].华南师范大学学报(社会科学版),2014(2).

[22]施锦云.新加坡3—6岁幼儿识字教学研究[D].武汉:华中师范大学硕士学位论文.2009.

[23]王琳.基于蒙台梭利教育理念的外籍儿童汉语教学探析[D].济南:山东大学硕士学位论文.2010.

[24]刘亚非.国际幼儿汉语课程、教材、评估的建设——以美国俄勒冈州彩虹桥学校全日制幼儿园课程为例[J].国际汉语教育,2012(2).

[25]晋小娜.美国幼儿汉语教学法微探[J].文教资料,2012(10).

[26]黄颖.游戏教学法在韩国幼儿园汉语课堂中的应用——以济州岛 KIDS

CLUB 幼儿园为例[D].南昌:南昌大学硕士学位论文.2013.

[27]纪晓慧.试论少儿国际汉语教材的若干问题[D].天津:天津师范大学硕士学位论文.2014.

[28]王宏丽.海外低龄儿童汉语教学研究初探——以美国、加拿大为例[A].第十届国际汉语教学学会学术研讨会论文集[C].2010(8).

[29]谢绵绵.幼儿与中小学汉语师资培养[J].世界汉语教学学会通讯.2012(4).

[30]胡星.菲律宾幼儿教学课堂管理研究[D].西安:西北大学硕士学位论文.2014.

[31]刘谦功.幼儿汉语教师基本素质的培养[J].云南师范大学学报(对外汉语教学与研究版),2015(9).

(作者:韩　明　　袁　柳)

第六章　论对泰国幼儿进行汉语教学的定位和目标

第六章 论对泰国幼儿进行汉语教学的定位和目标

摘要:结合笔者在泰国幼儿园担任汉语教师的亲身体会,以第二语言教学、儿童认知心理学、学前教育的相关理论为指导,根据泰国幼儿汉语学习的生理条件和心智机理,将"对泰幼儿汉语教学的定位和目标"作为一个研究课题,进行一番专门的学科性梳理。认为可以将"对泰幼儿汉语教学"定位为起步阶段的启蒙教学,并围绕这一教学定位设置相应目标,以便与"对泰小学汉语教学"课程的预定目标相区别开来。

关键词:泰国;幼儿;汉语国际教育;教学定位;启蒙教学

笔者作为一个对外汉语专业的教师,曾经赴泰国从事汉语国际教育工作,到泰北达府 St. Mathanothai 学校的幼儿园任教,教该园的幼儿从零开始学习汉语。由于教学实践的迫切需要,笔者将"对泰幼儿汉语教学的定位和目标"这一课题,纳入学科性的探讨与论证的范畴,现将论证的理由和结论罗列如下。

第一节　顺应对泰幼儿汉语教学的特点和发展要求

如今,中国综合国力不断增强,文化软实力不断扩大,中国—东盟自由贸易区逐渐产生重大而广泛的效应,东南亚地区开展汉语教学的规模日趋扩展。泰国位于中南半岛中部,东北边同老挝接壤,北部、西部和缅甸、安达曼海相邻,东南和柬埔寨相连,南面和马来西亚连接。泰国东南西北均与邻国接壤,四面八方皆同外邦相连,这样的地理位置使其自古养成了兼容并蓄的民族性格,形成了多元共生的文化传统。在当今国际普遍流行的汉语热中,泰国接受汉语的主动性,容纳汉语的积极性是最高的。

泰国的王室以及政府积极发挥导向作用,在全球范围内,泰国教育部最先颁布关于在泰国推进汉语教学的五年规划(2006—2010年),第一次以国家的名义实行汉语教学推广计划,有力地推动了中泰两国文化的交流与合作。泰国上至王室成员和政府高官,下至普通群众与学龄前儿童,学习汉语的人数越来越多,汉语教学在泰国的发展形势越来越好,影响日益扩大。截至 2017 年 12 月,东南亚 10 个国家一共设立孔子课堂 17 个,建立孔子学院 38 所。其中,仅泰国一个国家就建立孔子课堂 11 个,孔子学院 17 所,泰国岱密中学率先建立全世界第一个孔子课堂。在东南亚 10 国中,泰国设立的孔子课堂和孔子学院数量最多,名列榜首,业已成为泰国老百姓学习汉语、了解汉语文化的主要媒介与渠道,进而形成良性循环,有力地推动了泰国学习汉语言文化的热潮。2003 年,中国国家汉办首次向泰国输送汉语教师志愿者(23 名),此后志愿者人数不断攀升。2014 年输送志愿者已达 1 700 人,迄今为止,输送人数已经逾万。与此同时,泰国各地的 1 000 多个校园,都活跃着中国汉语教师志愿者的身影,他们在幼儿园、小学、中学和大学等各种级别的学校中,进行各种层次的汉语教学。

汉语在泰国已经被纳入国民教育体系,进入学前教育、基础教育、职业教育、高等教育等各种等级与类型的教学活动中。相关统计资料显示,2003 年,泰国各级各类学校之中,一共有 242 所学校开展汉语教学活动,经过十来年的时间,如今已增加到 3 000 多所,增长达到十二倍之多。泰国学汉语的人数规模巨大,蔚然成风,汉语在泰国已经成为第二外语,仅次于英语。[1]

如今,泰国已经建立长期持续开展汉语教学的机制,顺应汉语启蒙学习低龄化的现状,以幼儿汉语作为早教起点,贯穿幼儿园、小学、中学和大学等多种教学层次。一些公立和私立幼儿园(由名人、教会、社团、商会等资助,是泰国学前教育的有机组成部分),陆续聘请中国的对外汉语教师驻校任教,利用"从幼儿开始学习第二语言"这种最佳时机,开展幼儿汉语教学,引发幼儿对汉语文化魅力的兴趣,以此作为一种强有力的兴教措施,提高幼儿外语素养,形成培养未来人才的特色。

泰国被誉为"微笑之国",民众普遍信奉佛教,性情平和仁厚,待人接物和处世淡定宽容。相对于东亚国家(中日韩)而言,泰国幼儿的学习任务不重,学校和父母不过分拔高要求的标准。泰国幼儿几乎没有功课上的沉重负担,可以快乐成长。学者程爽认为"泰国儿童的特点是兴趣第一,娱乐第一","爱表现"。[2]他们乐于上手工课,乐于操作实践,上课时比较放得开,惯于参与和互动。

笔者曾在泰国的学校教幼儿汉语,通过亲身的经历和体会,对泰国学校采取的 KPA 评定法感受较深。KPA 评估体系(K 即 Knowledge,期终考试评分;P 即 Performance,平时学习情况综合评估;A 即 Attitude,对精神面貌的评价),是基础教育阶段全面评价学生的标准。具体来说,对学生在校时精神面貌与言行举止的评价占 20%,其中包括待人接物与处事态度等(比如是不是注意礼节,尊敬老师,和同学相处是不是友爱互助,穿着校服是不是合身、整洁,上课有没有迟到、早退或缺席等);平时综合成绩,包括平常的课堂表现和作业完成情况,占 55%;期末考试成绩,仅仅占 25%。总之,泰国的学校并不把期终考试成绩作为评估学生的首要尺度。中国赴泰从教的汉语教师普遍觉得泰国儿童没有一切向考试看,一切向分数看的精神压力,没有考试和分数所带来的心理负担。

综上所述,笔者作为对泰幼儿汉语教师,既要顺应对泰幼儿汉语教学发展形势的需要,又要面对泰国幼儿的性格特质与学习特点。在此情况下,笔者只有进一步深入认识泰国幼儿心理发展机制和学前教育的特点,设立与之相应的教学目标,进行准确的教学定位,才能较好地完成对泰幼儿汉语教学的任务。

第二节　契合泰国幼儿汉语学习
的生理基础和心智机理

对泰幼儿汉语教学的三个重要维度,是"怎么学,教什么和怎么教"。学者赵金铭在其论文《对外汉语研究的基本框架》中,针对上述三个维度展开专门的阐释:"对外汉语教学研究基本上是围绕这个三角(怎样学、教什么、怎样教)展开的。这三者之间相互制约,相互促进,密不可分。怎么教由教什么决定,怎么学决定怎么教;教什么和怎么学有着双向制约关系,只有弄清楚学习者怎么学的规律,才知道教什么,怎么教。"[3]笔者以这一深刻的见解为理论指导,认为对泰幼儿汉语教学这一具体学科,应该以幼儿(包括泰国幼儿)认知的生理条件为基础,作为对泰幼儿汉语教学的重要前提,顺应他们心智发育的阶段水平,符合他们语言学习的能力程度。如果违背这些实际情况,照搬我们教中国幼儿学习外语的做法,或者照搬照抄对泰小学汉语教学的模式,生搬硬套,是不可能完成任务的。

一、必须符合泰国幼儿汉语学习的生理条件

(一)充分利用泰国幼儿辨音与发音的有利时机

3—6 岁的儿童(包括泰国学龄前儿童),听和说的器官处于发育的初级阶段。早教的观察研究成果表明,在母体里面的胎儿逐渐形成听觉功能,从 3 岁起,听觉功能的发育逐渐走向成熟的起步阶段。而听觉能力是开发认知能力,并形成语言习得能力的生理基础。学者祝士媛主编的《学前儿童语言教育》一书指出:幼儿"3 岁左右就能正确发出世界上各种语言的发音","4—5 岁的儿童已经能够意识到自己发音和别人发音不同的差异性"。[4]此处应该指出的是,由于儿童(包括泰国幼龄儿童)的发音器官还没有完全发育和成熟健全,尚未形成习惯固定的口形与舌形,与之相应,母语(泰语)的发音习惯对第二语言的学习尚未形成干扰,笔者正好利用泰国幼儿这个年龄阶段的生理特点,恰逢其时地转化成为他们学习汉语的有利时机。

(二)要抓住泰国幼儿大脑语言功能区的最佳时机

脑科学的理论指出,人类的大脑有专门的语言功能区,即语言中枢。科学观察与研究发现,0—6 岁是人的大脑迅速发育的阶段,位于大脑中的布洛卡斯区的灵敏性,呈现出从高走向低的情况,年龄越小灵敏性越高,年龄越大则灵敏性越低。幼儿学习外语,起步比较早则效果就比较好。由此可见,儿童(包括泰国儿童)在学龄前阶段,大脑布洛卡斯区的灵敏度处于比较高的时期,而随着年龄的增长,灵敏度则逐渐下降,是一种走下坡路的状态。正因为幼儿(包括泰国幼儿)的大脑结构与成年人明显不同,所以要抓紧让他们在布洛卡斯区灵敏性比较高的阶段就开始学习第二语言(汉语)。有关学者指出:大脑里的布洛卡斯区 2—3 岁时开始快速发育,在 10—12 岁时发育成熟……儿童学习语言,大脑将有关信息直接存入这一区域。而成人学习语言,大脑则要在这一区域和记忆区之间首先建立起联系。

人的母语保护系统形成得越完善,接受外语的内在阻力就越大,

相反,人的母语保护系统形成得还不够完善的阶段,接受外语的内在阻力就越小……3—12 岁是学习外语的最佳时期。超过这个时期之后,母语保护系统的阻力加大,所以成人学外语不如孩子快。笔者在泰国进行汉语教学的经验有力地证明了这一论断,如果泰国幼儿学习汉语的起始年龄比较小,掌握的效果就比较好,达到的水平就比较高,这正是天赋的"语言学习机理"所发挥的习得效应,比学得的效果更加明显,具体从语音练习上来看更是如此,幼年就开始学习汉语的泰国小孩,比成年以后才接触汉语的泰国大人,发音更加准确,表达更加自然顺畅。

(三)要训练加强泰国幼儿的语言记忆能力

这里专门探讨大脑的主要功能——记忆。3—6 岁年龄段的幼儿,记忆能力迅速发育增强,能够较快地识记新接触的事物,不过,这个年龄段的有意识记还比较弱,无意识记占据主导地位。也就是说,幼儿(包括泰国幼儿)的记忆大部分都是无意识记,有明显的不足之处。学者王振宇指出:"幼儿的记忆还很难服从于某一有目的的活动,而更多地服从于对象的外部特征,幼儿所掌握的记忆方法也有限。"[5]具体而言,这种幼儿阶段的识记特点,在泰国幼儿的身上同样也明显地体现出来,他们能够快速地记住新学习新认识的汉语小知识,不过也很快就会忘记。对此有关专家也进行过相应的论证"由于幼儿的大脑记忆是在神经纤维的末梢生成神经结,当幼儿记忆一个汉字或者词汇时,便形成一个神经结。不过,这一神经结可持续的时间极短,从形成到牢固需要一个巩固的过程。因此,假如幼儿没有经过复习巩固,记忆这个汉字(或者词汇)的神经结便很快就会消失。对于幼儿而言,要形成牢固的神经结,必须对一个知识点进行反复多次地记忆"。[6]这一特点决定对泰幼儿汉语教学必须强调一定次数的重看、重读、重听、重说,必须注意复习和巩固,以便训练和加强泰国幼儿的汉语记忆能力。

二、要契合泰国幼儿汉语学习的心理特质

(一)要抓住泰国幼儿汉语学习的关键时段

学前教育专家王振宇认为"儿童心理研究的成果和长期教育实践的经验表明,幼儿期是人的一生中学习语言最迅速的阶段,也是最关键的阶段。……所谓关键期实际上就是识记最灵敏、接受最快速的时期"。[5]杰出的幼儿教育思想家蒙台梭利提出同样的看法:在上述灵敏期,幼儿对新接触的事物怀有极大的热情和兴致,能够快速识记,但这个时期一旦过去,这种热情和兴趣便会明显下降。幼儿从出生到6岁,处于动作的敏感期,从8个月到8岁,处于语言敏感期。在语言学习的关键时段,自然的语言学习效果是最好的,一旦错过了语言学习的关键时段,再去学习某种语言,就只能通过教师刻意地强化训练,经过学生艰难地模仿才能掌握,大龄学习者的口音习惯更是积重难返,难以纠正。[7]因此,笔者专门将对泰幼儿汉语教学安排在幼儿语言学习的关键时段内,以此为基点,争取获得最佳的效果。

(二)要顺应泰国幼儿心智发展阶段的特点和汉语学习能力的程度

1. 对泰幼儿汉语教学要遵循感性认知的心理惯势

世界各国幼儿的认知发展情况具有相似性,泰国幼儿对事物的认识沿着一条同样的路线,从表面逐渐进入到内在,从直观到抽象,从感性到理性,慢慢地从感知走向认识。笔者在泰国幼儿园教汉语的过程中经常发现,他们讲某一个词,一般仅仅是讲一个具体的东西,或者是讲某一类具体的东西,与此密切相关,他们只对具象的直观的教学材料产生兴趣,并对其留下比较深的印象。也就是说,他们所感知的方向具有心理惯势,倾向于关注那些和他们的日常生活息息相关的东西。朱智贤和林崇德合著的《思维发展心理学》一书认为:"幼儿思维以具体的形象思维为主,使得他们对语言的理解是一种直接理解,他们往往借助直观动作和当时的交际情形来理解语言,这就决定幼儿语

言学习是一种直接性学习。"[8]这一论断在泰国幼儿的身上得到了明显的印证,看得见的表情、动作与图片,摸得着的实物,听得到的音乐与童谣,能够投身其中的游戏、场景与情境等,可以帮助他们更好地认字、记单词和回答问题。泰国幼儿一般不将汉语单词"菠萝"与泰语单词"สับปะรด"联系起来,这是他们感知汉语单词的学习特点,笔者注意顺应他们这种感性认知的心理惯势,不将熊猫与"แพนด้า"、大象与"ช้าง"互相挂钩,而是将"菠萝""熊猫"与"大象"的汉语发音同实物及其图片对应联系起来,进行识记教学,取得了明显的效果。

2. 要把握泰国幼儿汉语学习的兴趣倾向

泰国幼儿对事物的感知偏重于外部状态,对生动有趣的教学材料比较感兴趣,往往被某些新奇的事物所吸引,乐于参与其中,容易进入兴奋状态,情绪激动起来。他们的学习动机比较单纯,对课堂教学活动怀有兴致和好奇心,偏爱任意、轻松与活泼的教学氛围。对他们而言,来自中国的老师和汉语文化色彩颇为新鲜和奇异,一方面觉得有趣好玩,另一方面又觉得这种新异的汉语有些隔阂、陌生和难学,因为容易受挫而产生畏难情绪,没有学习耐心。儿童心理学专家认为"幼儿在每一节课中,在正常的情况下,平均每次只能保持 10 到 20 分钟的有意注意"。[9]笔者在泰国的幼儿园担任汉语教师时,通过实际观察切实体会到这一准确论断,泰国幼儿有意的注意力往往不能持久,如果课堂教学枯燥和乏味,会使他们的兴趣明显降低,精神不集中,注意力分散。因此,笔者非常注意维持他们的学习兴趣,进而提高他们的学习积极性。

3. 要引导泰国幼儿通过模仿学习汉语

活泼好动,是世界各国幼儿普同的天性,3—6 岁年龄段的泰国幼儿,大多具有贪玩耍、爱游戏、好模仿的心理特性。要注意顺应他们的天性,利用他们的心理惯势,带领他们学习汉语,不要随便挫伤他们的好奇心和活泼性,对于他们喜欢参与和乐于互动的行为习惯,要善加引导,让他们积极投入内容有趣、形式生动的汉语课堂里面,使他们从中感受到汉语学习的乐趣,体验到汉语文化色彩的魅力,从而形成兴趣爱好。

　　泰国幼儿主要采用模仿的方式,进行听说、交际等方面的学习,因此,他们惯于模仿,善于模仿。学者高岚在《学前教育学》一书中指出:"幼儿的模仿性极强,与成人相比,幼儿能更准确地模仿老师的发音,幼儿听到的与再现的语言基本一致。同时,幼儿的母语尚未完全发展起来,学习外语时受母语的干扰相对比较小。"[10] 笔者在泰国幼儿园教汉语的过程中,发现他们主要模仿的是老师,老师的言行举止,对幼儿的心智发育和心理成长能够发挥重大作用,产生深远影响。因此,笔者安排汉语教学内容和设计教学形式时,特别注意趣味性、活泼性、可参与性与互动性,注意动作的演示性和教态的感染力,从而对他们产生更大的影响力。

　　4.要激发泰国幼儿爱参与、爱表现的求知欲

　　泰国幼儿没有急功近利的学习动机,没有刻意追求的读书目的,所以学习任务负担不重,精神压力不大,能够在一种快乐成长的环境中学习。他们自由随意,开朗活泼,乐于参与,喜欢表现。他们和成年人明显不同,还没有变成世故的样子,维护自身面子的理性意识还没有强化起来,在汉语课堂活动中,他们纯真率性,活泼大方,没有患得患失的心态,不会不好意思张嘴,或者因为担心出错而不愿意开口。笔者利用他们不怕在老师同学面前丢面子的特点,激发他们爱表现的求知欲,引导他们开口学习听说,进行汉语口语练习。

第三节　设定对泰幼儿汉语教学的定位与目标要求

　　通过前面详细的综合性梳理和辨析,可以清楚地看到,面向泰国小学中学的汉语教学的逻辑结构已经开始趋向严谨规范,所以并不适

合学龄前儿童,不能生搬硬套。笔者认为,3—6 岁年龄段的泰国幼儿的心智发育程度与学习能力水平,对其汉语学习模式具有规定性的作用,必须为泰国幼儿量身定制,设计专门的定位和目标。

一、将对泰幼儿汉语教学定位为起步性的启蒙教学

国内学界曾经针对幼儿学习的特性,提出关于语言启蒙阶段教学的论点,他们认为:儿童,不具备验证科学知识的能力,只能简单地让他们通过记住结果而应用科学知识,这种省略证明过程的教育方法叫启蒙教育。……启蒙教育常用的方法是用被启蒙者已知的类似常识来说明道理,而不是讲述科学证明过程。[11]笔者曾经采纳这种启蒙教学的论点,顺应泰国幼儿的心智发展水平和认知能力程度,结合他们已经认知的日常生活知识的素材,开展简单易行并且有效的汉语启蒙教育实践。在上述理论结合实际的基础上,笔者将“对泰幼儿汉语教学”进行如下学术定位:在泰国的文化语境下,鉴于泰国幼儿心智发展的阶段,正处于语言学习的敏感期和关键期,利用他们已经感知和体验的日常生活知识,采用简明直观、新鲜有趣和灵活多样的教学内容,为他们专门设置处于起步阶段的启蒙教学课程。

笔者特此指出:将对泰幼儿汉语教学定位于起步性与启蒙性,是要表明泰国幼儿阶段同小学、中学的汉语教学标准有明显的区别。对泰幼儿汉语教学的目标要求,是要唤起他们对汉语的好奇心和兴趣,以泰国最通用最常见的东西为教学例子,对应学习最容易念的汉语读音,训练最基本的汉语对话,增强他们对汉语的敏感性,感受和体验汉语与泰语的差异,为泰国小学、中学的汉语课程铺路搭桥,打好扎实的基础。

二、设置契合对泰幼儿汉语教学定位的目标

前文提过,起步性与启蒙性的对泰幼儿汉语教学,不像小学和中

学那样,进行理性认知的系统讲解,而是以被启蒙幼儿已经感知的日常知识为例子,对应地学习相关的汉语知识,以便加深他们的感受和体验。笔者认为,对泰幼儿汉语教学,作为起步阶段的启蒙性的第二语言教学,应该设立如下目标要求:①在目标上,要将汉语学习侧重放在感性认知层面上进行,将经验性获得这个目标摆在第一位;②在内容上,让学习和日常生活密切联系起来,将"听说"作为重点,以"听"先行,为紧随其后的"说"铺路搭桥;③在方法上,侧重采用简明直观、新鲜有趣和灵活多样的方式,在教学中融入文娱乐趣,在游戏情境中开展教学,增强幼儿的参与性和互动性。

这一教学目标定位,作为对泰幼儿汉语教学过程的起点和导向,势必也是最终目的的指归,它同选取教学内容、采用教学方法和评估教学效果等关节环环紧扣,相辅相成,恰如其分地进行"因龄施教"的目标体系定位,就是因龄施教的必要前提,是达到良好效果的有力保障。

笔者在泰国开展幼儿汉语教学期间,鉴于教学对象的汉语学习尚处在起步阶段,故而采用上述理论联系实际的方式,将对泰幼儿汉语教学纳入启蒙教学的范畴,进行明确的学科定位,并设立相应的学科目标,在此基础上,进一步选定了与之配套的教学内容和形式。笔者严格按照这个教学定位和教学目标,不向泰国幼儿系统地讲授汉语理论知识,而是仅仅以汉语作为传播汉文化的媒介,设计和组织生动有趣的课堂活动,让他们通过一种经验的获得,感性上的认知,感受到使用汉语进行听和说的乐趣,体验到通过文娱活动学习汉语的轻松愉快,唤起他们对汉语文化色彩的兴趣爱好,增加他们快乐学习的心理体验,促进他们的心智发育和精神性的成长。在此过程中,经过反复思考,将对泰幼儿汉语教学定位为起步阶段的启蒙教学。笔者设计和安排教学活动的时候,专门扮演一个引导者的角色,通过设计教学步骤,安排教学环节,为泰国幼儿创设学习情境,营造练习氛围,组织游戏,扮演角色,进行示范和演示,提供模仿样本,引导他们自己去感受、体验。尽量使用那些能给他们带来感性认知的生活素材,能够亲身体验的歌谣、舞蹈和游戏,将教学内容和他们的日常生活小知识有机地联系起来,同他们的心智成长融会贯通起来,以最基础的听说训练作为首要的教学目标和任务。至于那些读写训练,则要留待对泰小学、中学汉语教学的阶段再作安排。到了小学和中学阶段,汉语作为第二语言,自然就会要求学生掌握语言要素,掌握运用语言交谈的技能等。

既然将对泰幼儿汉语教学定位为处于起步阶段的启蒙教学,就必须将感性认知的目标放在第一位,幼儿阶段学习汉语,就要采取易于引发兴趣的教学形式,让他们感觉到汉语课的内容新鲜有趣,形式生动活泼,有吸引力,喜欢汉语课堂活动,进而产生兴趣,乃至形成爱好。笔者在泰国幼儿园开设汉语课程,就是要让他们从小开始认识中国的汉语教师,接触、感受与认知一些汉语文化元素,让他们因为对中国的汉语教师有好奇心,感兴趣,从而对汉语也有好奇心,感兴趣,通过这种感性认知,养成对汉语和汉语文化色彩的兴趣,为他们在日后小学、中学阶段对汉语的理性认知打好起步性和启蒙性的基础,从而最终实现上述教学目标,落实上述教学定位。

目前,在国内幼儿外语教学和第二语言教学领域,对泰幼儿汉语教学作为一门新兴的子学科,还处在一种摸着石头过河的阶段,还没有形成共同认可的教学模式,没有建立起健全完善的学科理论体系。在对泰幼儿汉语教学的过程中,教师只能八仙过海,各自为政。笔者为了完成对泰幼儿汉语教学的目标任务,从泰国的实际情况出发,以泰国幼儿的身心发展水平为前提,以他们的接受能力和认知水平为根据,采用因国施教的内容,因龄施教的方法,专门为对泰幼儿汉语教学设立起步性的启蒙性的教学定位,并确立相应的教学目标,恳请各位同仁批评指正,从而继续展开深入探讨。

参考文献：

［1］王玲玲.泰国汉语教育与中华语言文化传播［J］.南洋问题研究,2015(4).

［2］程爽.基于对比实验的泰国儿童汉语教学模式研究［D］.济南:山东大学硕士学位论文,2008.

［3］赵金铭.对外汉语研究的基本框架［J］.世界汉语教学,2001(3).

［4］祝士媛.学前儿童语言教育［M］.北京:北京师范大学出版社,2010.

［5］王振宇.学前儿童发展心理学［M］.北京:人民教育出版社,2012.

［6］《幼儿英语教育活动指导》编写组.幼儿英语教育活动指导［M］.上海:复旦大学出版社,2010.

［7］祝士媛.学前儿童语言教育［M］.北京:北京师范大学出版社,2010.

［8］朱智贤,林崇德.思维发展心理学［M］.北京:北京师范大学出版社,1986.

［9］朱智贤主编.心理学大词典［M］.北京:北京师范大学出版社,1989.

［10］高岚.学前教育学［M］.广州:广东高等教育出版社,2008.

［11］中国大百科全书总编辑委员会《教育》编辑委员会.中国大百科全书·教育［M］.北京:中国大百科全书出版社,1985.

（作者:袁　柳）

第七章 关于对泰幼儿汉语教学原则的探讨

第七章 关于对泰幼儿汉语教学原则的探讨

摘要:本文根据幼儿身心发展程度和认知能力水平,借鉴学前教育理论,采用汉语作为第二语言教学的基本观点,探讨对泰幼儿汉语教学的基本原则。对泰幼儿汉语教学属于起步性的启蒙教学,在教学目标方面,要注重他们在汉语课堂活动中的感性认知,将感知性、兴趣性获得摆在第一位;内容方面,要与他们日常生活的内容相结合,与已知的小常识相结合,以听说训练开路搭桥;方法方面,要以具体可感增强平易性,以课堂游戏增加吸引力,以情境教学增强交际应用性。笔者广泛参考国内研究界的理论成果,总结自己对泰幼儿汉语教学的实践经验,进行一番综合性地梳理和融合,特此提出六个应该遵循的教学原则。

关键词:对泰幼儿汉语;教学原则;情境性;交际互动性;容错性

笔者曾经受广西师范大学文学院委派,赴泰担任幼儿汉语教师,在泰组织开展汉语教学活动期间,看到中国赴泰汉语教师的观念存在某些偏差,比如关于对泰幼儿汉语教学学科的定位与原则等问题,还没有引起足够重视。他们不少人觉得,在泰国幼儿园做汉语教师,充其量不过是做泰国孩子的"伴读书童",辅导看图识字,教点中国儿歌,画点中国儿童画,跳点中国幼儿舞蹈,做点中国幼儿游戏,难以开展真正意义上的"汉语教学";有人觉得,教这类低龄的教学对象,既没有什么合适的现成教材,也没已经得到公认的定论,没有产生普遍效应的成功经验可供借鉴,只好得到什么教材,就采用什么样的教学内容及方式,这种临时将就或凑合的态度,致使对泰幼儿的汉语启蒙教学缺乏有效性,学校、教师和学生都感到针对性不强,教学效果不理想。

第一节　对泰幼儿汉语教学学科有待健全和完善

从整个汉语国际教育领域的视野来看,无论是对外幼儿汉语教学学科的理论建设,还是实践经验的总结提升,一直都跟不上海外幼儿汉语教学发展形势的步伐。对外汉语教学研究领域,关于对外幼儿汉语教学学科的建构,起步比较晚,还没有健全和完善,不像对外青少年汉语教学,或者对外成人汉语教学学科那样,已经逐渐建构起来,取得了一定的成效。近年来,海外幼儿汉语教学的发展速度明显加快,相比之下,对外学龄前儿童汉语教学学科的理论建构,还没能够及时适应实际情况,没能够与时俱进。

具体来说,在第二语言学习方面,由于幼儿的生理基础、心智水平及其认知能力,决定其和青少年,或者和成年人明显不同,不能照搬照套对待青少年或成年人的教学模式,需要专门对应幼儿这种特定的对象,选择适合幼儿身心的模式来进行教学。因此,怎样根据汉语作为第二语言教学的学科性质,顺应幼儿的年龄特点、智力发展和学习规律,选择彼此双向对应的教材和参考资料,建立教材与教案都恰如其分的课堂教学模式,争取唤起泰国幼儿学习汉语的兴趣,使他们乐意学习汉语,愿意练习简单的汉语口语,爱好中国文化,这是一个已经摆上议事日程,需要专门进行研讨的课题。

目前,对泰幼儿汉语教学仍处于初始阶段,还没有被泰国官方列为幼儿园正式课程,带有比较强的探索性、试验性,仍然处在学者们观望、质疑或者试探的状态中。因此,只有充分重视对泰幼儿汉语教学这个新生学科,总结在第一线进行教学摸索的经验,钻研面向泰国幼儿汉语教学的基本课题,以幼儿教育心理学、第二语言教学理论(海外幼儿汉语教学部分)作为本学科的理论基础和指导思想,在此基础上,根据泰国幼儿汉语学习的性质和特点,解决对泰幼儿汉语教学所碰到的实际困难,切实、有效和持续地加以健全与完善,使之更加科学化、合理化和有效化。

第二节　泰国幼儿汉语学习的性质和特点

泰国幼儿心智发展程度与水平,决定其汉语学习的性质和特征。

一、泰国幼儿以直接、感性的认知方式学习汉语

幼儿对事物的认识过程,由全部向部分,整体向细节,简单到复杂,具象到抽象渐次展开。他们讲一个名词的时候,目的仅仅是讲它所指的那个具体事物,所以,要以看得见摸得着的事物激发他们的兴趣,强化他们的记忆。著名心理学专家朱智贤、林崇德曾经指出"幼儿的思维以具体形象思维为主,这使他们对语言的理解是一种直接理解,他们善于借助直观动作和当时的交际情形来感知语言,这就决定幼儿语言学习是一种直接性学习"。[1]以此理论观点观察泰国幼儿,他们同样也是借助具体形象的肢体语言和场景,或者图片和实物,才能记忆、领会和表述语言。譬如,对于"香蕉"的汉语发音,他们不是与泰语单词"กล้วย"(香蕉)进行联系,而是将"香蕉"的汉语发音与实物或图片对应起来,进行记忆和理解。

二、泰国幼儿以兴趣为导向的汉语学习动机

泰国幼儿的学习目标单纯,容易产生好奇心,学习动机以兴趣为主,乐意参与课堂教学活动。对于他们来说,来自中国的汉语和教师,因为陌生而显得神奇。他们喜欢好玩的东西,关注事物外部形状的特征,容易被新鲜奇特的事物吸引,产生兴趣,爱好自由、轻松与活泼的教学氛围。他们一方面对外来的汉语感兴趣,另一方面又会因为难念和难说,或者教学活动的乏味,而对汉语学习失去兴趣,热情降温。一般来说,幼儿"在每一节课中,在正常的情况下,平均每次只能保持10到20分钟的有意注意"。[2]相对而言,泰国幼儿有意注意的有效时间比较短,生硬和无趣的课堂活动,无法让他们的兴趣和注意力维持下去。笔者在泰进行幼儿汉语教学实践,对此深有体会。

三、泰国幼儿活泼好动、喜欢模仿的学习特点

3—6岁幼儿的年龄特征是活泼好动,爱玩耍,爱模仿,爱游戏,这是他们特有的天性,是与他们的生理发育程度和心智发展水平相对应的现象。要因国制宜,因材施教,符合他们身心的惯性,利用他们爱模仿爱游戏的特点,培养他们的兴趣爱好,引领他们热情投入生动活泼的汉语课堂,体验练习简短汉语口语的感受,接受相应的汉语文化的感染。模仿是幼儿(包括泰国幼儿)进行对话与交往的学习手段,他们通常模仿、学习老师的言行举止,老师的行为同他们的心理发育和成长密切相关。事实证明"幼儿的模仿性极强,与成人相比,幼儿能更准确地模仿老师的发音,幼儿所听到与所再现的语言基本一致。同时,幼儿的母语尚未完全发展好,学习外语受母语的干扰相对比较小"。[3]由此可见,在对泰幼儿汉语教学过程中,要注重师生的情绪互动,注重课堂活动的生动有趣,活跃热闹,教师要以生动的表情,形象的语言,演艺的姿势,进行示范,便于幼儿学习模仿。

四、泰国幼儿表现欲较强，乐意开口练习汉语

与此同时，泰国幼儿性格活泼，外向开朗，有比较强的表现欲。他们的学习动机不功利，并没有什么强烈的学习目的，往往以一种随意轻松的心态学习简短的汉语口语，没有学习任务上的心理负担，没有功课上的精神压力。与此同时，小孩子又喜欢表现自我，还不懂得怎么要面子，还不像成年人那样世故，不会因为患得患失而不好意思开口，不会因为担心出错而不愿意学讲汉语。因此，在课堂教学中，他们童言无忌，乐意开口练习汉语口语，大方地在老师同学面前学讲中国话。

第三节　落实起步性的对泰幼儿汉语启蒙教学

3—6岁年龄段的泰国幼儿，他们的生理条件与心智机理决定其汉语学习的性质，达不到按照语言学科的规范制定教学要求的程度，只能按照幼儿智力发展的程度，利用他们原来具备的日常生活经验，开展最基础的起步性的启蒙教学。儿童，不具备科学验证知识的能力，只能简单地使他们通过记住结果而应用科学知识，这种省略证明过程的教育方法叫启蒙教学。[4]启蒙教学常用的方法是用被启蒙者已知的类似常识来说明道理，而不是讲述科学证明过程。[5]借鉴学术界这些深刻的理论，笔者努力贯彻前文论证确定的"对泰幼儿汉语教学"的定位：在泰国文化语境的氛围中，充分考虑泰国幼儿智力发展的程度，他们的汉语学习还是一种初始状态，利用他们原来具备的日常生活经验，通过操作方便、运用灵活、幼儿易于理解的课堂活动，实施起步性启蒙性的简短口语教学。

一、遵循起步性启蒙教学的规定性

既然前文已经将对泰幼儿汉语教学定位为起步性的启蒙教学，就应该遵循这一学科性质的规定性，强调它与对泰小学汉语教学学科的不同，存在明显的区别。应该实施对泰国幼儿偏重于简短口语的起步性的启蒙教学，使他们对汉语语音留下初步的印象，引起他们学习简单汉语的好奇心，练习讲一些最基本最起码的汉语单词，学一些最容易最好讲的汉语短句，感受汉语同泰语的区别。

二、落实起步性的幼儿汉语启蒙教学的要求

关于起步性的启蒙教学的常用方法，前文提过，一般不需要讲解科学证明过程，而是采用类似的被启蒙者已知的日常生活常识，介绍简单的口语及相关小知识。作为第二语言的对泰幼儿汉语启蒙教学，其启蒙性质和特点体现在：①在目标上，主要强调泰国幼儿在汉语课堂中的感受和体验，即强调感性认知目标的首要地位；②在内容上，主要强调生活性、日常性与应用性，让听说先行，铺路搭桥；③在方法上，必须注意形象直观，丰富灵活，生动有趣，教学与文娱相结合，强调参与、分享和寓教于乐。

笔者将教学目标看作对泰幼儿汉语教学学科建设的开端，以及最终追求，教材的选用，授课的形式，教学效果的检验，都必须以教学目标的定位作为根据。所以，笔者意识到，必须首先贯彻前文论证确定的对泰幼儿汉语教学的定位，这是至关重要的前提条件。关于对泰幼儿汉语教学这一具体学科，笔者贯彻其起步性的启蒙教学的定位，这就意味着必须遵循其规定性，不是让他们从此开始学习标准化、规范化的汉语句法和语法，而是借助简单的汉语单词学口语，以此安排相关的课堂教学，让他们的汉语学习成为一种生活体验，成为一种感性认知，享受记汉语单词讲汉语短句的知性愉悦，体会汉语课堂所形成的智力情趣，从小开发他们的外语思维空间，打开他们面向国际的学

习视野。因此,具体实施对泰幼儿汉语教学,目标是从汉语的角度丰富他们的日常生活知识,促使他们的心智快乐地成长,让教学内容日常生活化和常识化,感知与体验一些简单的汉语文化小常识,不去涉及什么词法和句法体系的学习,而是从最容易的听和最简单的说入手,为他们以后的汉语学习开路搭桥。

汉语作为母语的教学,往往在系统认知的目标上进行定位,比如要求理解并掌握语言的要素,培训语言运用和人际传播交往的素养。然而,对泰幼儿汉语教学,是一种初始的起步性的启蒙教学,前提条件是他们愿意并乐于接受,让他们感受到知性乐趣和认知愉悦,是万事起头第一步的目标。让泰国幼儿的汉语听说训练变得轻松愉快,使汉语课堂充满魅力和活力,热烈活跃,促使他们积极主动地参与汉语课堂活动,形成一个喜欢汉语文化小常识的良好开端。笔者曾在泰国 Mathanothai 学校的幼儿园担任汉语教师,关于贯彻落实泰国幼儿汉语学习的目标定位,该校的负责人也持同样看法,他说:“因为孩子的心智程度还有限,我们在幼儿园开设汉语听说训练课程,最根本的目标,不要求孩子们能够写一定数量的简单汉字,能够念一定数量的汉语单词,能够唱一定数量的汉语童谣。我们学校聘请中国汉语教师驻校,是为了让幼儿开始接触、体验和感性认识汉语文化的神奇魅力,乃至感知世界其他国家文化的多样性。”让泰国孩子熟悉讲汉语的中国老师,与此同时,熟悉简单的汉语口语,给他们留下一个美好的第一印象,并逐步形成对汉语文化的兴趣爱好,为日后进入学龄阶段的汉语学习开一个头,铺一条路。

第四节　提出对泰幼儿汉语教学的原则

贯彻落实对泰幼儿汉语教学的定位,与之相应,紧接着就要制订与确立对泰幼儿汉语教学的原则。对泰幼儿汉语教学这一具体学科，与儿童心理学、学前教育学、应用语言学等学科的基本范畴密切相关，既要根据幼儿及其泰国幼儿智力发展阶段的程度，学前教育的性质和特点，又要依据汉语作为第二语言教学的基础理论，参考国内幼儿外语教育的成功经验。于是，笔者根据本人在泰国进行汉语教学实践的经验，以泰国幼儿的心智发育程度与认知能力水平为基点，经过一番相应的系统梳理，在此专门提出对泰幼儿汉语启蒙教学的基本原则，不足之处，留待日后修改与完善，并供同仁批评和指正。

一、以兴趣为主的原则

课堂活动的设计、组织要有趣味性，激发幼儿参与学习的热情。近代最有名的儿童心理学家皮亚杰认为："没有一个行为模式（即使是理智的）不带有情绪作用的动机"，"情绪具有组织功能，能不断地发动和组织人的探究行为，或干扰认知的发展"。[6] 人们常说"兴趣是最好的老师"，伴随着愉悦的情绪体验而生成的兴趣，会变成促进幼儿进行汉语学习活动的内在需要。泰国幼儿的有意注意尚未能够高度集中，能够维持的时间也不长，他们的汉语学习存在着情绪化的状况，兴趣好恶会影响他们的学习效果，如果课堂活动不能吸引他们，他们就会产生被动与消极怠课的情绪；假如汉语课堂活动能够引起他们的浓厚兴趣，他们就会乐意参与，积极互动，兴致很高，效果更好。

在对泰幼儿汉语教学过程中，笔者把唤起与引发幼儿学习汉语的兴致摆在第一位，将其作为评估教学成效的关键指标。学者刘颂浩有过相关论述，大意是说，对外汉语的趣味性在两个方面体现出来，一是"物品的趣味性"，意思是指教材与教具，比如"印刷趣味性"与"语言趣味性"；二是"过程的趣味性"。[7] 结合笔者赴泰的实践经验，展开来说，"过程的趣味性"就是形象直观的教案内容，灵活多样的教学形式，生动活泼的课堂活动。笔者以此作为一个主要的评估标准，认为这是必须切实贯彻执行的,用以衡量自己对泰幼儿汉语教学的技能,评估自己的教学成效。

二、制订重复性原则

心理学家朱智贤认为,"3—6 岁的儿童由于受知识和经验的限制,记忆很难服从一个有目的的活动,他们的记忆以无意识记为主,较多地对事物表面进行机械识记"。[8]与此相应,18 世纪的德国哲学家约瑟夫·狄慈根也认为:"重复是记忆之母。"刺激的强弱程度,决定记忆的深浅程度;重复次数的多少,对记忆的效果也产生极大的影响,重复次数更多,记忆就更牢固更长久。重复既是泰国幼儿记忆汉语的基本方法,也是最主要的方法。

笔者在泰国教汉语期间,发现泰国幼儿学习汉语有一个明显的特点,他们喜欢重复听过多次的汉语童话、儿歌,重复唱过多次的汉语童谣,重复玩过多次的中国儿童游戏。泰国幼儿的汉语学习需要持续练习、巩固与应用,需要长时间循环往复。反复多次训练,是他们学习汉语主要和有效的方式。在对泰幼儿汉语教学中,笔者正是如此,因地制宜,因材施教,制定重复性的教学原则,在安排教学内容方面,注意让他们重复地听,重复地说,重复地唱,重复地练,在旧内容中包含新内容,在新材料中带有旧材料,让新旧内容相互衔接,相互铺垫,共同发挥双重效应。

三、确认情境性原则

业内专家一贯认为需要创设特定的应用情境,辅助幼儿学习第二语言。笔者在对泰幼儿汉语教学实践中,专门创设某种特定的事物、人物与场景,某种特定的具体直观的形象情境,给泰国幼儿提供某种特定事物与环境的体验,使他们便于感知所学的第二语言(汉语)的意思,并且顺应他们的心智功能,建立相应的认知心理结构。笔者观察发现,在教具的选用或设计,课堂情景与氛围的营造,教师的言行举止等方面,要做到具体可感,形象生动,以便引发他们视觉、听觉、嗅觉与触觉的交感联动,感知和领会所学习的汉语,从而贯通与其母语(泰语)的相关感受体验的联系。通过模拟生活场景、游戏情景和角色扮演等活动,带领他们听汉语讲汉语,唱歌跳舞,游戏娱乐,学会应用汉语做简单的交流。所有这些,正好印证了有关专家的理论观点。情境教学方法,正好顺应泰国幼儿活泼热情、乐于参与的性格特征,便于他们加强对所学汉语的认知,开展对汉语的感知与练习,增强学习汉语的积极性和主动性,提高练习效率和记忆效果。给他们创造一个在情境中用耳听,在情境中开口说,在游戏情境中进行应用的课堂环境。

四、遵循有序性原则

笔者认为,必须在两个方面遵循有序性原则,第一,要注重所教授的汉语小知识的相关性和序列性,组织与安排教学内容时,要从最简明易懂的地方入手,慢慢地一点一滴地增加难度,比如注意发音的难易度,面对泰国幼儿上汉语课,要考虑内容的容易感知,容易领会,循序渐进,由单音节向多音节逐渐增加难度,由单词向短句过渡,由容易掌握的词汇,向童谣逐渐加码,再进行情境对话,适当地增加难度;第二,要严格按照顺序安排学习内容,具体来说,汉语语音的输入是泰国幼儿输出的基础,是培养他们正确的语音、语感的首要条件。听说练习要注意按照顺序,先养成听老师念的习惯,熟悉汉语语音,锻炼汉语听力,让他们听懂、领会之后,慢慢跟着老师模仿,学会说汉语单词、短句,再逐渐学会应用。

五、注意交际互动性原则

对于泰国幼儿来说,汉语学习是一个双向互动的过程,是简单交往与对话的过程,一个主要的教学目标,就是培养他们应用汉语口语进行简单交谈的能力。笔者强调交际性原则,主张教学内容要有交际性,教学过程要实现交际化。语言学家韩礼德是交际互动观点的代表,他认为在学习外语时,外语与母语产生相辅相成的作用,是双向交流与沟通的过程,相互感知和彼此理解,它的表现形式就是双方接连不断地交流。[9]交流与沟通是培养语言和对话能力的关键环节。笔者作为一个对泰幼儿汉语教师,就是把汉语作为交流沟通工具来使用的,笔者上汉语课时,根据他们泰语名字的含义,给他们起相应的中文名字,并通过每次上课都点名的方法,帮助他们记住自己的中文名字。幼儿早上入园时,跟汉语老师打招呼要说"你好",而不是说"สวัสดี",跟家长要说"再见",而不是说"ลาก่อน"。吃饭的时候,看到学过的水果"香蕉""西瓜""芒果"时,笔者会要求他们用中文说出水果的名字。得到中国老师帮助时,要求他们用汉语说"谢谢"。笔者尽量使用汉语(配以表情和动作)作为课堂教学用语,第一次先用汉语来说,如果幼儿不明白笔者的意思,笔者就换成泰语来说,等他们明白过来以后,笔者再用汉语重复说一次。这样反复多次以后,笔者虽然没有专门教授下列汉语单词,他们却能够听得懂,并且能够说出"上课""安静""起立""是什么""数数""唱歌""对""好""你叫什么名字"等汉语课堂用语。由此可见,对泰幼儿汉语教学是一门特别需要互动交往的课程,必须强调将教学活动交际化,以便让幼儿在交往中练习汉语短语,在交流中应用汉语短句。

六、坚持容错性原则

容错性原则,是指适度允许泰国幼儿在汉语学习过程中出现失误,大可不必逢错必纠。允许他们在汉语课堂活动中出现错误的理解,错误的言语,错误的动作,即使是有必要纠错,也不特意、直接、生硬地指出和纠正,而是运用委婉、温和的方式,循循善诱。北京市石景山区实验幼儿园的教师指出:遵循容错性原则,可以呵护幼儿对学习的好奇心,在无形中培养幼儿学习的自信心,鼓励他们在课堂活动中大胆尝试,激发他们积极参与活动的兴趣,帮助他们构建相关的知识和经验。[10]与此同理,在对泰幼儿汉语教学中,大胆地尝试和积极地参与是非常重要的,他们虽然会出现差错,但最终会在反复尝试、重复练习的过程中,习得正确的汉语知识。

因此,对于泰国幼儿学习汉语时出现的小错误,不必过于苛求,允许他们出点小差错。笔者提倡容错性原则,让他们不怕出错,敢于尝试,积极主动地参与汉语练习。泰国幼儿学习汉语的过程中,不可能不出现任何差错,但是笔者作为他们的老师,也要以善意的态度,温和的引导来指正,用间接的技巧来纠偏,注意不挫伤他们学习汉语的兴趣、热情和自信心,尽量采用正面诱导与鼓励为主的方式,比如首先肯定其正确之处,加以鼓励,接下来,才适当引导他们去发现产生差错的地方,以及产生差错的原因,引导他们自我纠错,自己改正。

综上所述,笔者将自己对泰幼儿汉语教学的实践经验,结合国内研究界的理论成果,进行一番梳理和融合,总结出上述六个应该关注的原则,供同仁批评和完善。

参考文献：

[1]朱智贤,林崇德.思维发展心理学[M].北京:北京师范大学出版社,1986.

[2]朱智贤主编.心理学大词典[M].北京:北京师范大学出版社,1989.

[3]高岚.学前教育学[M].广州:广东高等教育出版社,2008.

[4][5]中国大百科全书总编辑委员会《教育》编辑委员会.中国大百科全书·教育[M].北京:中国大百科全书出版社,1985.

[6]皮亚杰,英海尔德,吴福元译.儿童心理学[M].北京:商务印书馆,1980.

[7]刘颂浩.关于对外汉语教材趣味性的几点认识[J].语言教学与研究,2008(5).

[8]朱智贤.儿童心理学[M].北京:人民教育出版社,2003.

[9]《幼儿英语教育活动指导》编写组.幼儿英语教育活动指导[M].上海:复旦大学出版社,2010.

[10]张艳君.园本幼儿英语教学实践研究[M].北京:北京师范大学出版社,2009.

（作者:袁　柳　　韩　明）

第八章 对泰幼儿汉语启蒙教学的课堂活动探索

第八章 对泰幼儿汉语启蒙教学的课堂活动探索

摘要:借鉴国内外关于儿童语言习得与幼儿园外语教学的相关研究成果,从汉语作为第二语言教学的特点出发,结合笔者在泰国幼儿园的汉语教学实践,针对泰国幼儿的生理基础和心智机制,围绕教学内容的组织设计、教学活动的实施及评价等环节,采用相关的幼儿数学、美术、舞蹈、体育等学科的方法,以画图、儿歌、手工制作、游戏、舞蹈、多媒体动画片、情境短剧、广播体操等灵活多样的手段,创设丰富多彩的汉语课堂活动,在激发泰国幼儿的学习兴趣的同时,使其更加喜欢学习汉语,进而对汉语再进行一番探索。

关键词:幼儿汉语教学;启蒙教学;趣味教学

笔者曾在泰国达府 St. Mathanothai 学校的幼儿园部担任汉语教师,进行对泰幼儿汉语启蒙教学的课堂实践,取得了一些宝贵的经验,并在此基础上进行一番理论思考。

第一节 实施启蒙教学式的对泰幼儿汉语教学

对于3—6岁的泰国幼儿来说,他们的语言学习的生理基础和心智机制,决定其汉语课程不能完全按语言学科的严谨规范的要求来进行教学,而是依据幼儿的心智特点和认知水平,结合他们已有的日常生活知识,专门做汉语启蒙教学。有的专家认为儿童不具备验证科学知识的能力,只能简单地使他们通过记住结果而应用科学知识,这种省略证明过程的教育方法称为启蒙教学。……启蒙教学常用的方法是用被启蒙者已知的类似常识来说明道理,而不是讲述科学证明过程。[1]据此,本文贯彻前文"对泰幼儿汉语教学"的定位:在泰语语境下,根据泰国幼儿心智发展和语言学习尚处于起步阶段的特点,结合他们已有的日常生活知识,通过形象生动和灵活有趣的课堂活动,对其进行启蒙性的汉语教学。在对泰国幼儿进行汉语方面的启蒙教学阶段,仅仅需要培养他们对汉语语音的敏感性,激发其对汉语学习的兴趣;学习一些最常见的生活用品的汉语词汇,最简单的汉语问候语和谢词,从感性的角度体验汉语与其母语(泰语)的不同,为日后进一步学习汉语打下基础。

实施对泰幼儿汉语启蒙教学的方法,不是讲授科学证明的过程,而是利用被启蒙者(泰国幼儿)已知的类似常识,传播他们所要学习的汉语和知识。作为第二语言启蒙教学的对泰幼儿汉语教学,其启蒙性的要求主要表现在:①教学目标方面,应该关注泰国幼儿在汉语课堂活动中的经验获得,突出情感目标这一首要地位;②教学内容方面,应突出生活性与日常性,让听说领先;③教学方法方面,应该形象生动,灵活多样,寓教于乐,突出趣味性和互动性。

教学目标定位,既是教学活动的起点,也是归宿点。贯彻对泰幼儿汉语教学目标的定位,直接影响到教学内容的选择、方法的采用以及效果的评估。因而,准确定位教学目标,把握好对泰幼儿汉语教育的目标体系,显得尤为重要。

贯彻对泰幼儿汉语启蒙性教学目标的定位,不是让泰国幼儿系统地学习严谨规范的汉语知识体系,也不需要进行太多的读写训练,而是通过用汉语来组织各种教学活动,让他们的汉语学习成为一种经验的获得,在教学活动中感知和体验学习汉语的乐趣,享受汉语教学活动所带来的快乐,激发他们对汉语的兴趣,从而实现丰富泰国幼儿的学习生活经验,促进幼儿心智发展的最终目的。因此,对泰幼儿汉语教学应该经过精心选择和组织,应该以最基础的听说训练为主,选取能够让他们感知与体验的事例和经验,教学内容应生活化和日常性,与他们的日常生活以及心智成长密切相关。

第二节　整合教学资源,选择、组织与编排适用的教学内容

中国的汉语教师在泰国幼儿园实施启蒙性汉语教学时,面临的一个严重问题,是没有合适的教材,甚至是没有教材。笔者从教的这所学校,小学部和中学部从 2005 年起开设汉语课程,使用该校自编的汉语教材;幼儿园部从 2009 年起开设汉语课,但一直没有教材,还让汉语老师自己"随便教"。该校给笔者发放一本笔记本,要求笔者详细记录每节课所教授的内容,以便留给后来的汉语教师作为参考资料。因此,笔者作为一个从中国赴泰的幼儿汉语教师,首先要做的工作,就是自行整合各种已有的教学资源,选择、组织与编排适用的教学内容。

一、让教学内容生活化、日常化

对泰幼儿汉语教学,不应以严格的语言学科的知识体系来进行组织,而要从泰国幼儿的日常生活环境之中选取内容,将汉语与泰国幼儿的日常生活进行贯通与融合,重在让他们通过两种语言(母语与汉语)获得经验的整合。李生兰在《学前教育学》中提出"幼儿外语教育应包括六大方面的内容,即'幼儿自身''幼儿园''家庭''社区''节日''季节'等"。[2]笔者认为,这也可作为对泰幼儿汉语教学的重要参

考,笔者教学实践过程中,正是参照这六个方面来选择和组织一个学期的教学内容的。

例如,关于"幼儿自身"这个方面,主要围绕如下三个方面进行:①幼儿的身体、五官、性别;②幼儿的动作;③泰国幼儿的日常生活等内容。关于"幼儿园",主要围绕如下四个方面进行:①泰国的礼貌用语;②课堂教学用语;③玩具名称及有关活动用语;④泰国幼儿园和老师等内容。关于"家庭",主要围绕如下三个方面进行:①泰国的家庭成员称谓;②餐具、食品名称;③水果名称等内容。关于"社区",主要围绕如下四个方面进行:①泰国的职业名称;②场所名称;③数字;④方位名称等内容。关于"季节",主要围绕如下四个方面进行:①泰国的季节名称;②季节特点(凉、热、雨);③颜色;④动、植物名称等内容。关于"节日"方面,泰国是一个传统节日很多的国家,非常重视节日。笔者利用这种机会,在每个节前一两周的时候,适时融入相应的教学内容,加入相关节日的内容。例如,6月初的儿童节,教泰国幼儿唱汉语儿歌《找朋友》;6月下旬的拜师节,教他们对老师使用汉语礼貌用语;8月初的守夏节,教授与该节日有关的泰国传统食品的中文读音;8月中旬的母亲节,教他们唱汉语童谣《我的好妈妈》;进入雨季之后,选讲"下雨""伞""彩虹"等汉语词汇,使汉语课堂更贴近当地的日常生活,以激发他们的学习热情。

此外,还注意适当地教授一些关于中国文化的常用词,插入一些有代表性的中国文化符号的词汇,比如"中国""北京""长城""龙""熊猫""饺子""筷子"等。

二、在内容编排上让听说领先

通常学习汉语都从基本要素出发,比如从拼音起头,不少幼儿汉语教材就是由此开始的。笔者观察发现,在泰国幼儿园,英语是第一外语,汉语是第二外语。笔者所在的泰国幼儿园,英语课是一周两节,由泰籍老师任教,有专门的课本和练习册,听说读写齐头并进。对于3—6岁的泰国幼儿来说,同时学习英文字母"A、B、C"和汉语拼音"a、o、e",很容易产生认知混乱。所以,笔者认为自己所在的泰国幼儿园,幼儿阶段的汉语学习不应该先去学拼音认汉字,因为在他们的思维方式中,发音与实物或者图片是相对应的,与汉字或拼音没有直接关联。

对泰幼儿汉语教学内容的选择与编排,应与泰国幼儿的年龄阶段特征、心智认知程度、学习特点与兴趣爱好相匹配,抽象、复杂的汉字体系对于3—6岁的泰国幼儿来说,是一件很不容易的事,容易导致他们产生畏难情绪,不利于日后进一步的汉语教学。所以,不能要求幼儿像青少年一样去学会书写汉字,而应该以语音为主导,实行听说领先,让他们先从听觉开始,然后逐渐模仿,以听促说,比如直接选取一些生活化、日常化的词汇和简单常用的短句,进行汉语教学。

三、教学内容采用单元模式,循序渐进

王振宇主编的《学前儿童发展心理学》指出:"幼儿在识记与自己经验有关的事物时,常常运用意义识记,而且意义识记的效果比机械记忆好得多。意义识记的材料、实物相互联系时,原本孤立的小单位可以组织起来形成较大的信息块,从而减少了需要识记的材料和实物的数量,而且意义识记所记住的是可作回忆线索的关键部分,可根据线索进行检索以帮助回忆。"[3]由此可见,对泰幼儿汉语教学可以将相关的教学内容放在一起,组成一个同类单元,进行课堂教学,这样比较科学合理,便于泰国幼儿识记。如常见水果类——芒果、香蕉、菠萝等;主要动物类——大象、老虎、熊猫等。至于单元和单元之间的排列,则应尽量做到前后呼应,等到积累了一定的汉语词汇以后,可以尝试教一些简单的汉语短句,循序渐进。例如,学习家庭成员的称谓时,可以根据与本人关系的亲疏远近,先学习第一个单元:汉语词汇"爸爸""妈妈""哥哥""姐姐";再学习第二个单元:汉语词汇"爷爷""奶

奶""叔叔""阿姨";学过家庭成员的称谓之后,才学习"我爱爸爸,爸爸爱我"之类的汉语短句单元,在这个基础上,再用不同的家庭成员代入这个汉语短句句型中。

在泰国教幼儿学汉语的课堂内容,不应该仅仅是汉语词句的组合,还应注意多种形式相互配合,比如适当加入一些内容相关的汉语儿歌、童谣,使课堂更加生动活泼,比如教汉语"动物词汇——大象、老虎、熊猫"这个单元的时候,穿插唱中国儿歌《两只老虎》,唱泰国儿歌《大象》等内容。

第三节 寓教于乐,以灵活多样的形式开展趣味教学

张艳君《园本幼儿英语教学实践研究》一书认为:"幼儿不是为了美好的明天而学习的,往往是为了当前的快乐而学习的。"[4]这一点在泰国幼儿的身上表现得尤为明显。这也告诉笔者,如果当前的学习活动对泰国幼儿有吸引力,就能激发他们的兴趣,他们就会去学。皮亚杰的研究表明,幼儿是在与外界客观环境的交互作用中得到发展的,良好的环境是幼儿认知产生的源泉,是幼儿语言发展的基础。在对泰幼儿汉语教学中,应该尊重泰国幼儿心智发展的规律与个体差异,采取灵活多样的教学手段,特别是要重视游戏的作用。参与游戏活动是幼儿认识世界的一种主要方式,它适合幼儿心智发展的需要,符合幼儿心理发展的水平。笔者把形式多样的活动引入对泰幼儿汉语教学的课堂,最大程度上淡化课堂灌输的痕迹,营造轻松愉快的上课氛围和教学环境,寓教于乐,使他们忘记自己是在完成学习任务,而积极主动地参与其中,成为课堂活动的主体,真正实现在乐中学,在学中乐,取得事半功倍的效果。

在泰国幼儿园教书期间,笔者曾经尝试用多种方法来组织、实施

课堂教学活动,使课堂活动的形式更加多种多样,丰富多彩,比如采用游戏、舞蹈、儿歌、图画与多媒体动画片等有效手段。笔者对教学内容的选取,对课堂活动的编排和实施,有时采用上述某种形式,有时同时采用几种手段,综合几种形式为同一堂课服务。其他幼儿学科(如幼儿美术、体育、舞蹈、数学和科学等)的方式方法,也被拿来改造成汉语教学手段。下面选取一些简明实用而教学效果比较好的例子。

一、采用肢体动作的形式

中国的汉语教师初到泰国,开展汉语教学的最初阶段,会说的泰语往往十分有限,师生之间很难用语言来进行交流,会有陌生感和隔阂,如果能尽快地与泰国幼儿熟悉起来,让他们很快地接受来自中国的汉语教师,对日后顺利开展教学工作有很大好处。因此,运用肢体语言,在对泰幼儿汉语教学中是必不可少的,很多教学内容都可以使用肢体语言作为教学手段,对年龄越小的泰国幼儿,肢体语言就越实用。

笔者刚到泰国幼儿园的第二天,听到幼儿经常唱泰语版的《如果感到快乐你就拍拍手》这首歌。"如果感到快乐你就拍拍手(拍拍手、点点头、跺跺脚、扭扭腰,都是可以用肢体动作传递的)",非常适合使用肢体动作来开展教学的。幼儿对这首歌的内容和旋律,也已经通过泰语版熟悉了,不必再进行讲解。笔者就以这首歌的中泰双语版作为切入点,用汉语替换泰语歌词进行教学,只要求学生掌握"拍拍手、点点头、跺跺脚、扭扭腰"这几个汉字的简单发音和动作。结合肢体动作来进行这首歌汉语版本的教学,调动了课堂的气氛,拉近了师生的关系,引起了幼儿的情感共鸣,起到了很好的作用。最初的两周,笔者还使用简单的肢体动作语言,教授交际用语和课堂用语"你好,很好,谢谢,再见,起立,请坐",教幼儿的日常动作"走,跑,跳"等,让动作和口语相配合,协助完成这些教学内容。

肢体语言是使汉语口语活起来的一种好方法,把肢体语言与对泰幼儿汉语教学结合起来,符合幼儿好玩、好动、好模仿的年龄特点,这种具体、直观、简明与鲜活的形式,能激发他们学习汉语的兴趣,让他们在模仿中不由自主地学习,大大提高了学习效果。以肢体语言进行教学互动,拉近了笔者与他们的距离,提高了他们的注意力和认知力。与此同时,肢体语言对幼儿情感激励方面的作用也是很大的,笔者竖大拇指、拍手与鼓掌等,很容易使幼儿感受到被信任、赞扬和关爱,感受到被重视与被肯定,也为今后的教学互动打下良好的基础。

二、采用做游戏的形式

游戏不像作业那样带有明显的规定性、强制性。本身就充满娱乐性和趣味性的游戏,特别适合幼儿身心发展水平的程度。老师引导幼儿以教学游戏作为主导活动,发挥游戏可以控制情景的功能,让幼儿在游戏中反复看、听、闻、摸真实的水果,使幼儿能够控制、掌握自己的现实情景。比起单一的语言练习,参加到游戏活动中,幼儿更能表现自己认知心理的实际情况。游戏对幼儿的大脑具有良好的振奋作用,使其心情愉悦,精力充沛。通过游戏可以使语言练习过程获得更快更好的效果。

游戏是幼儿的主要活动,是他们认知与了解世界的一个主要方式,同时也是幼儿园的主要教学方式。笔者在泰国幼儿园以游戏的形式开展汉语课堂活动,在游戏中边玩边听边说汉语,非常符合泰国幼儿的年龄特点和学习规律,极大地激发他们学习的主观能动性,激发他们学习汉语的兴趣,使学习过程变得轻松、愉快、有趣,更好地提高了教学效果,实现教学目标。

(一)实例《神秘大礼包》

如下表1。

表1 《神秘大礼包》课堂教案

教学内容		汉语水果名称:苹果、香蕉、菠萝、芒果、山竹。
教学对象		泰国幼儿园二年级,4—5岁。
教学目标	情态与态度目标	激发泰国幼儿学习的新鲜感与好奇心。感受学习汉语的乐趣。
	认知目标	学会五种水果的汉语发音。
	能力目标	能够用汉语说出这五种水果的名称。
课前准备		准备一个漂亮的礼品袋,里面装着泰国最常见的五种水果——西瓜、香蕉、芒果、菠萝、山竹等实物。(也可以跟泰国老师借水果模型,不过实物更具有吸引力)
教学重点		能分辨并说出这五种水果的汉语名称。
教学难点		"果"与"竹"字的发音。
教学实施	导入	老师和泰国幼儿用汉语互相问好。老师带领泰国幼儿唱中泰双语的歌曲《如果感到幸福你就拍拍手》进行热身,用泰语唱一次,汉语唱几次。
	讲解演示	1.展示神秘大礼包,前后左右四个角度转动大礼包,老师以带有新鲜感好奇感的表情配合动作,闻一闻,听一听,摸一摸,拍一拍,究竟是什么东西呢? 2.请几个泰国幼儿摸一摸,猜一猜大礼包里是什么,调动他们的好奇心。 3.打开大礼包,伸手进去,一次拿出一种水果,幼儿恍然大悟,问幼儿们吃过吗? 好不好吃? 喜欢吃吗? (喜欢的请举手,以吸引幼儿的注意力) 4.先问幼儿们泰语怎么发音,然后告诉幼儿们汉语怎么发音,老师示范,幼儿们跟读,反复操练。 依次类推,学完五种水果的汉语名称。
	练习	1.五种水果,全班依次跟读、操练。 2.分小组或分性别操练,男生跟读、操练、女生跟读、操练。 3.把水果装回礼品袋,让幼儿上台摸出来,摸出什么水果就用汉语说出它的名称(笔者给予夸奖或纠正);然后又放回礼品袋内,让下一个幼儿上来,重复练习。如果不能说出自己摸出水果的汉语名称,老师给予提示,教会以后,让其再摸一次,直到说出汉语名称为止。尽量让每一个幼儿都参与其中。(表现好的,给予适当奖励)
	总结延伸	1.全班一起复习;老师摸出什么水果,全班齐声回答汉语名称。 2.回家后,告诉爸妈,这些水果的中文名字的读音。

（二）心得体会

做游戏是一种理想的教学方法,对于泰国幼儿而言,口语和活动天然地结合在一起,这是他们习得第一语言的一个途径,而对于第二语言的学习,游戏同样能促进他们的语言获得,游戏中的口语具有重复性,而且会涉及基本的语法结构。在泰国幼儿园一年级,笔者主要是做情节性强、简单有趣、能配合教具进行玩耍的游戏;在幼二年级,笔者适当增加一些知识内容;在幼三年级,笔者增加游戏规则和汉语口语训练,并适当开展一些竞赛。例如,上述教例在幼三年级运用时,笔者在此基础上增加了汉语短句"我喜欢……"的练习,即学会了水果的汉语名称后,还要学会用汉语说"我喜欢香蕉""我喜欢芒果"……由于泰国幼儿会饶有兴致地重复做各种游戏,因此游戏是练习汉语新词汇和短句语法结构的理想方式;笔者利用这个游戏,在幼一年级的课堂,把水果置换成贴有 1 至 10 的数字的彩球,进行汉语数字教学。这种游戏能够在班级里创造亲切的氛围,能够使幼儿获得知识和情感体验。

笔者选择游戏时,考虑了下列问题:游戏与教学的知识的相关程度;尽量选用实物类的教具,因为实物贴近生活,有真实感;尽量让游戏规则容易解释,布置简单,操作方便,时间上允许每个幼儿都能参加游戏,能让幼儿开心愉快地获得相关的经验和知识。

三、采用儿歌的形式

儿歌是幼儿学讲话的重要形式之一,在语言启蒙中起到很大的作用。汉语儿歌这种最上口的汉语学习方式,最快捷的汉语学习途径,在对泰幼儿汉语教学中的作用同样不可忽视。笔者选择节奏清晰明快,朗朗上口,歌词简单易懂,还可以配合肢体动作进行表演的汉语儿歌,作为教学内容,让泰国幼儿在唱唱跳跳中快乐地学习,成为叩开对泰幼儿汉语教学之门的有效形式,如汉语儿歌《两只老虎》,节奏感强,简单易记,内容生动活泼,形象直观,笔者教得容易,泰国幼儿学得开心。

使用汉语儿歌,是对泰幼儿汉语教学的良好形式,笔者仔细筛选,选择难易适宜,富于表现力的儿歌。教泰国幼儿学习汉语首要的一步,是采用汉语儿歌磨练他们的听觉,使他们在比较轻松自然的环境中学习发音、重音和语调,培养语感;大多数汉语儿歌都使用重复词句,并且在特定的位置替换单词,这种固定搭配有助于导入或者练习新的汉语词汇,巩固和扩大泰国幼儿的汉语知识;能有效地为初学的泰国幼儿提供有意义的完整单元,优美的韵脚和节奏感,活泼有趣的形式,深受幼儿喜爱,可以使幼儿轻松快速地掌握;幼儿掌握一首汉语儿歌以后,可以在课外进行口语练习,反复歌唱,帮助他们深入、持久地记忆汉语词汇和句型;一起唱汉语儿歌能让泰国幼儿感到同学之间有共同兴趣,汉语能力程度不同的泰国幼儿都能参与进来,有助于建立幼儿的自信心;大多数泰国幼儿都喜爱表现,汉语儿歌可以在家长会、节日或其他活动时进行表演,他们能唱几首汉语儿歌,就会感到很愉快,有成就感,从而更喜欢学汉语。

四、采用舞蹈的形式

舞蹈以一连串肢体语言的组合,模拟表现事物、人物和故事,提供丰富的想象空间,能够让泰国幼儿通过舞蹈的内涵去感知和体验生活,进而获取相关汉语知识。笔者运用舞蹈进行对泰幼儿汉语教学,符合泰国幼儿生性活泼好动、喜欢模仿的特点,通过教泰国幼儿说唱歌词,让他们在音乐节奏中念着歌词,配合着相关的肢体动作,把汉语学习与舞蹈学习有机结合起来,通过记忆舞蹈的连贯动作,理解和记忆汉语歌词,从而提高身心协调能力、模仿能力和想象能力,达到相应学习汉语的目的。

泰国幼儿天性好动,喜欢模仿,喜欢蹦蹦跳跳,喜爱看舞蹈节目,更渴望参与表演幼儿舞蹈。《兔子舞》是一个集体舞蹈,节奏感非常强,有明显的动作语言提示,笔者通过重复多次的训练,使泰国幼儿记住"前、后、左、右"四个汉语方位词,增强幼儿身心的协调能力,培育他们良好的姿态和身体对节奏的敏感性,给他们以艺术美的熏陶,开发他们的艺术潜能。实际的课堂效果显示,幼儿们玩得很开心,很喜欢这样的教学方式。笔者用舞蹈的形式配合汉语学习,训练幼儿的动作和语言的一致性,能培养他们的注意力、模仿力与表现力等综合能力,提升学习效果,促进幼儿的全面发展。

五、采用图画的形式

4—9 岁这个年龄段的儿童,心智结构的发展处于一个图式期,他们用模仿和描画对象的图形来表现现实的物体,拿自己涂鸦的线条、图形来对应客观事物。与此相应,我们有意识地运用反映日常生活的简易绘画,使用易于理解的常见颜色,协助泰国 5—6 岁的幼儿增强观察力、理解力和表达力,形象、直观地学习汉语。

张艳君主编的《园本幼儿英语教学实践研究》认为:"幼儿天生就是画家,他们的绘画过程是在用'另一种语言'表达自己的思维的过程。"[4]幼儿的思维以形象思维为主,有形、有色的直观事物容易引起他们的注意,留下深刻的印象。笔者在泰国幼儿园教学时发现,泰国幼儿动手能力较强,很喜欢涂涂画画,喜欢用画画来表达自己所看到、听到与想到的东西。于是,笔者利用他们这一特点,把美术和汉语教学结合起来,先用简笔画的形式教汉语,然后设计"听写画图"的教学活动,让他们把听到的汉语单词画下来,让他们在课堂中处于积极的参与状态,使他们的汉语听力和绘画能力同时得到锻炼,相得益彰。

(一)实例《听写画图》

如下表 2。

表 2　《听写画图》课堂教案

教学内容	学习汉语词汇:太阳,星星,月亮。复习颜色词汇:红色,蓝色,黄色,白色。
教学对象	泰国幼儿园三年级,5—6 岁。
教学目的	锻炼幼儿的绘画能力,增强形象思维和汉语听力水平,增强幼儿的成就感,记忆相关知识。
教学重点	1.学习汉语词汇"太阳,星星,月亮"; 2.学会画太阳、星星、月亮。
教学难点	1.根据老师的语言提示,进行听词画画; 2.边画画,边进行汉语教学。
课前准备	1.太阳、星星、月亮的图片; 2.白纸若干(用 A4 纸裁成两半); 3.蜡笔若干(很多幼儿都自行备有,也可跟美术老师借)。
教学环节	1.导入:复习颜色词汇"红色、黄色、蓝色、白色"; 2.展示图片,学习词汇"太阳、星星、月亮",老师在黑板上画出相应图案,全班跟读、操练汉语读音; 3.全班分成三个组,把白纸发给幼儿,每人一张; 4.老师布置第一个任务:第一组用"红色"画"太阳",第二组用"蓝色"画"星星",第三组用"黄色"画"月亮"; 5.老师巡视,检查幼儿们的表现,确认他们是否听懂了老师的要求,并按要求去做; 6.布置第二个任务:第一组用"白色"画"月亮",第二组用"红色"画"太阳",第三组用"黄色"画"星星"。 7.老师巡视,检查幼儿们的表现,确认他们是否听懂了老师的要求,并按要求去做; 8.让幼儿们互相检查,看看别人画得对不对; 9.让幼儿们用所学过的汉语描述自己的画。
总结	可用幼儿们的图画作为教具,结合进行旧词复习,新词练习。

(二)心得体会

听汉语词汇画图时,幼儿需要认真听笔者所读的词汇,并把相应的实物画出来,涂上笔者要求的颜色,这个活动有效地锻炼了泰国幼儿的听觉、视觉和理解技能,评估他们对相关汉语词汇的认知、理解能力,随着所学习的汉语词汇的积累而增加听力材料的难度,以便提高幼儿的审美感受,发展他们的语言理解能力。

六、采用手工制作的形式

皮亚杰曾经说过:幼儿的智慧源于材料。由此可见,教学挂图,尤其是让幼儿动手参与做的挂图,是一种非常好的教学用具。泰国幼儿好奇心强,喜欢参与,喜欢动手做手工,容易被一些色彩鲜艳、形状新异的东西吸引而兴奋起来。笔者引导泰国幼儿动手参与制作形象鲜明、内容具体的挂图,能够吸引他们的注意力,营造轻松、自由与活泼的教学氛围,边操作边讲述,加深他们对相关汉语材料的理解,最后用做好的挂图进行教学时,他们参与的成就感会带动其学习的积极性,对提升教学效果有很大的帮助。

图片是对泰幼儿汉语教学中最直观、最常见和最简单易行的词汇教学手段。在这个课堂活动中,幼儿因为积极动手参与做挂图,对相关的汉语内容记忆深刻,学习效果很好。但是,因为幼儿们的动手能力不一样,思维发散,制作过程往往费时比较长,只适合在大班开展,而且还需要带班的泰国老师协助讲解。挂图做好后,可以反复使用、进行词汇操练,还可以装饰教室,营造汉语教学环境。泰国很注重儿童动手能力的培养,幼儿园的老师和学生动手能力都很强,手工做得很精美,可以充分利用他们这个特长,拓展到其他单元的教学内容方面。笔者在另外一个班设计了小动物与植物(小猫,小狗,小鱼,小鸡,小花,小草)的挂图,受到泰国老师的肯定和幼儿们的欢迎。

七、采用情景短剧的形式

泰国幼儿的汉语学习离不开一定的应用情境,笔者设计各种事物、人物、场景和环境来展开汉语教学,如设置特定的游戏情境与舞台演出情境,安排简单易懂的剧情,让幼儿们分别扮演不同的角色,根据角色完成特定的动作、表情和会话,通过听说唱跳等表演形式,激发他们汉语学习的兴趣,提高他们对汉语的感知理解及交际应用能力。情景短剧的形式,是一种理解、记忆汉语词句的好方式,也是展示、检验汉语教学成果的好方法。

(一)实例(找朋友)

这个短剧,是在已经教会泰国幼儿《找朋友》这首儿歌的基础上进行的,笔者事先用硬卡纸做好一些头饰,这些头饰上所画的图案都是之前幼儿们学习过的汉语词汇,如:小猫 & 小狗,弟弟 & 妹妹,老师 & 学生,汽车 & 轮船,叔叔 & 阿姨,老虎 & 大象……这些词汇都是成对出现的,便于安排成"好朋友"搭档。每个幼儿戴上头饰,两个一组出场,例如:小猫和小狗同时出场。

小猫:我是小猫。

小狗:我是小狗。

两个人一起:我们是好朋友。

接着两人手牵手面对大家,一起朗诵《找朋友》的歌词,再面对面,边跳边唱《找朋友》:找呀找呀找朋友,找到一个好朋友,敬个礼,握握手,你是我的好朋友,再见。

在"再见"声中,小猫和小狗这一组下台,然后轮到弟弟和妹妹这一组上台,按照上述程序表演一遍。

……

最后,按顺序分成对应的两组,所有的幼儿一起上台,集体边跳边唱《找朋友》,在欢乐友好的氛围中结束课程。

(二)心得体会

短剧在对泰幼儿汉语教学中很重要,原因如下:当幼儿扮演别的角色时,特别是穿着表演服装或者戴着面具的时候,往往比平时显得更加不紧张不拘谨,从而表达得更轻松自然,激发出更大的想象力。表演一个短剧,意味着幼儿必须默记几行乃至几乎所有的汉语台词,尽管台词不多,但也必须反复记忆单词或者句子,如此一来,这些特定的汉语单词和句子结构被更好地掌握,幼儿的汉语表达能力也随之得到提高。情景短剧的练习,提供了幼儿交互使用汉语的语境,大大地拓展了汉语课堂的环境。

笔者所在的泰国幼儿园,每天早上升完泰国国旗以后,都有一个晨会,由各科老师轮流训话或带领自己的班汇报表演。逢单周的周三是汉语教学的汇报,笔者安排了一次《找朋友》短剧表演,展示汉语教学成果。这次上台表演刺激幼儿更加努力学习,练习得更投入,对相关知识点的记忆更深刻。笔者还将情境短剧表演这种形式,用于节日(儿童节、汉语日)或家长日等时候,向学校与家长展示汉语教学成果。

八、采用多媒体动画片的形式

用多媒体动画片教泰国幼儿学汉语,也是笔者常用的方法。色彩丰富、鲜活的画面,生动诙谐、惟妙惟肖的声音,带给泰国幼儿更具体、直观的视听觉刺激,激发他们的好奇心、求知欲和学习兴趣,让他们更加容易理解该动画片的汉语语境与意义,并提高他们的注意力、记忆、想象与联想等多方面的能力。

笔者在教"太阳、星星、月亮、云"这课内容时,下载中国的动画片《天上有什么》在课堂上播放:小猴子问猴爸爸,天上有什么?爸爸根据动画片的画面回答,白天有"太阳",有"云",晚上有"月亮"和"星星"。汉语古诗讲究诗情画意的画面感,很多古诗都通过画面来展示,有大量的古诗被制作成 Flash 动漫。笔者充分利用这种资源,根据教学内容的需要,通过互联网下载合用的多媒体动画片,开展有特色的汉语文化教学。在教汉语古诗《咏鹅》时,笔者利用多媒体动画片丰富自己的课堂教学,让幼儿通过动画基本了解该诗的意义,然后再通过有意记忆,背诵该诗。

此外,为了扩大汉语教学的影响力,推广中国文化,笔者与同在这所泰国学校任教的 7 名汉语教师,尝试用中国广播体操的形式进行汉语影响力的推广。在校方支持下,我们 8 名汉语教师利用课外活动时间,教泰国学生做中国的第七套广播体操,每天下午正式上课之前,伴随着普通话标准和节奏强烈的配乐做中国广播体操,已经成为该校 3 年级以下学生的固定项目,为该校营造了良好的汉语学习氛围。

教泰国幼儿学习汉语的过程是让他们自己去发现、体验与感悟的过程,这是笔者无法包办代替的,笔者是教学过程的组织者、引导者,其作用是为泰国幼儿的学习尽可能地提供资源,创设各种环境和氛围,让他们自己去感悟、掌握,获得成长和发展。

对泰幼儿汉语教学,目前尚处起步探索阶段,还没有完善的范例和成熟系统的理论支撑。第二语言教学法的主要流派与国内的幼儿外语教学的研究成果,已经将幼儿外语教学的方法或模式归纳为:游戏法、直观感知法、示范模仿法、活动练习法、角色表演法、情境交际法、全身反应法、直接浸入法等等,但是,正如俗话所说:教学有法而教无定法。笔者对泰幼儿的汉语课堂教学不拘泥于某一种模式或方法,而是综合运用各种方法,尝试调动多种多样的手段,设计、开展对泰幼儿汉语课堂教学,提高了汉语教学的效果。笔者立足当地,以泰国幼儿的身心发展为出发点,以他们的接受能力为依托,以适当的教学内容和适合的教学方法开展,力争真正达到教学目的。否则,对泰幼儿汉语教学就只能流于形式。

第四节　以柔性化、多样性的方式进行教学评价

现代学前教育理论特别强调教学评价的作用,国内幼儿英语教育专家认为:教学评价是幼儿教育工作的重要组成部分,能够判断教育是否适宜与有效,是调整和改进教学,提高教育质量的必要手段。[5] 笔者作为一名对泰幼儿汉语教学的教师,并没有仅仅教机械记忆和词句背诵,而是切记,绝不以牺牲泰国幼儿的学习兴趣和快乐成长为代价

的方式传播汉语知识。笔者及时有效地进行教学评价，以便发现、改正、调整教学偏差，确保对泰汉语教学的有效性。

一、评价对泰幼儿汉语教学，是一种动态的过程性的评价

笔者在泰国开展幼儿汉语教学的评价，不是静态的结果性的，而是动态的过程性的评价。基于对泰幼儿汉语教学的启蒙性定位，笔者进行教学评价，评价焦点并没有仅仅放在泰国幼儿的学习结果上，而是关注幼儿在教学活动过程中的各种表现。培养泰国幼儿对汉语乃至汉文化的兴趣，是开展对泰幼儿汉语教学的首要目的，笔者并没有仅仅考虑幼儿通过汉语学习认知了多少语音、词汇、句子，而且还考虑了他们在相关方面的经验获得，包括在学习过程中对幼儿特殊表现的评价和展示的评价，使每个幼儿都有充分参与和表现的机会，关注幼儿在教学活动中对他人、环境、教具材料等课堂元素之间的反应与互动，如对中国相关事物的认知和兴趣，对中国国旗、地图等的识记和了解，对中国大熊猫、包子、饺子、筷子等的注意与好奇，等等。

二、要采取多样性与柔性化的教学评价方式

对泰幼儿汉语教学质量的衡量，仅仅采用测验、考试的方式，充其量只能是一种静态的结果性的评价。而动态的过程性的教学评价，必须运用多样性与柔性化的方式和手段来进行。笔者进行对泰幼儿汉语教学活动的评价，不仅采用逐一检测的方法，了解幼儿们对所学习的汉语词语、儿歌、童谣等材料的掌握情况，还观察幼儿们在课堂活动中争取参与和表现的热情；不仅关注幼儿对笔者与教具的反应，还关注幼儿们对新布置的课堂环境的反应，与其他同学的交往、配合情况；还采用观察与记录等方式，了解幼儿们对汉语学习活动的兴趣、主动性和积极性。这种多样性与柔性化的评价方式，不以正规的测验、考试的方式来评价幼儿们的学和笔者的教，而是通过提供机会让幼儿们

动手操作、绘画、游戏和表演的形式,了解他们对所学过的汉语知识、接触过的汉语教学材料的个性化理解和收获。

例如,笔者设计了"数字接龙"游戏——笔者先用汉语说出第一个数字"1",然后指定一名泰国幼儿用汉语说出第二个数字"2",接着笔者又指定另一名幼儿,让他接着依次往下说……对出错的幼儿,让大家告诉他正确答案。通过这个"数字接龙"游戏,笔者可以逐个了解幼儿对汉语数字发音的记忆情况,对于不能说出正确答案的幼儿,则在以后的教学中给予更多的关注和鼓励。又如,笔者用"快乐大转盘"的游戏来进行评价。制作一个带指针的大转盘,上面贴满各种已学过的图片,让每个幼儿上台来转动转盘,当转盘停下时,指针对准的图片,要求幼儿用汉语讲出来,能说出正确答案的,笔者给一个小"中国结"或"剪纸"作为奖励。通过游戏的方式来淡化教学评价的痕迹,让幼儿保持对汉语的兴趣,在玩乐中了解幼儿对所学过的汉语词汇的掌握情况。

此外,笔者还从泰国幼儿对笔者的态度和日常交际,来评估其对汉语学习的接受水平、认可程度。

第五节　结　语

在泰国幼儿园教汉语时,笔者发现一些从中国赴泰的汉语教师对泰国幼儿进行汉语教学的目的、原则与内容等缺乏足够认识,甚至存在一些认识误区,有的认为,在泰国幼儿园教汉语就是陪孩子玩耍,唱唱歌,跳跳舞,做做游戏,没有进行真正意义上的"汉语教学";有的感到,面对如此低龄的教学对象,无从下手,只好套用成人化的教学内容、方式,甚至存在急功近利的思想,进行知识点的"填鸭式"教学,完全不符合对泰幼儿汉语教育的特点。

目前,中国的对泰幼儿汉语教学尚处于起步阶段,还没普遍纳入泰国幼儿园的常规课程范畴,这一项工作的实践效果仍待检验,如何在质疑、审慎对待或者关注期待的目光中,切实、有效与持续地开展下去,迫切需要幼儿教育心理学、第二语言教学理论(对外幼儿汉语教学部分)为其提供科学理论的指导,更离不开对泰幼儿汉语教师的实践和探索。努力掌握泰国幼儿学习汉语的规律,给对泰幼儿汉语教学足够的重视,正视发展中所存在的问题,加强对这一课题的研究探讨,扬长避短,才能保证质量,使之更加科学化、合理化和国际化。

本文有针对性地开展对泰幼儿汉语教学的实践,探索与理论思考,参考国内对外汉语教学,国内外关于学前教育学、学前儿童认知心理学,国内的幼儿园外语教学等相关研究成果,并用这些基础理论分析泰国幼儿的身心特点和汉语认知规律。在这个基础上,笔者结合对泰幼儿汉语教学的定位、目的、原则与内容等,列举自己在泰国幼儿园教学实践的一些具体做法,提出一些意见和看法,希望能够为对泰幼儿汉语教学的学科建设提供一些参考资料,为更好地促进汉语国际教育走向世界贡献一份微薄的力量。

参考文献:

[1]中国大百科全书总编辑委员会《教育》编辑委员会.中国大百科全书·教育[M].北京:中国大百科全书出版社,1985.

[2]李生兰.学前教育学修订版[M].上海:华东师范大学出版社,2006.

[3]王振宇主编.学前儿童发展心理学[M].北京:人民教育出版社,2014.

[4]张艳君主编.园本幼儿英语教学实践研究[M].北京:北京师范大学出版社,2009.

[5]幼儿英语教育活动指导编写组.幼儿英语教育活动指导[M].上海:复旦大学出版社,2010.

(作者:袁 柳)

第九章　国际中文教育领域数字人文赋能中华文化面向东盟传播的路径探讨

第九章 国际中文教育领域数字人文赋能中华文化面向东盟传播的路径探讨

摘要:本课题遵循框架构建—案例分析—实践调查—机制建立—路径优化的研究思路,以案例分析与理论研究为手段,借鉴新媒体平台对中华文化国际传播的功能、内涵与作用机理,构建新媒体平台传播事件的评价系统;运用交叉学科理论开展案例研究,采用文本和数据处理并行技术的方法,分析吸收中华文化对外传播真实案例的成效,总结新媒体矩阵式跨平台传播的宏观效果与微观经验;结合东盟汉语学习者对新媒体平台的使用情况和内容偏好调查结果,探索政府相关部门、行业、企业、专家、汉语教师、汉语学习者等多方参与中华文化及其八桂文化(如刘三姐文化)对东盟传播的机制,探索广西国际中文教育领域布局新媒体矩阵跨平台传播的实施路径。

关键词:数字人文;赋能;中华文化;面向东盟;传播

当前中国与世界的关系进入了新时期,让世界读懂中国、理解中国显得更加重要,着力赓续中华文脉,推动中华优秀传统文化创造性转化和创新性发展,已经成为主题。大数据、5G、AR/VR、人工智能等为中国文化出海提供了运维和技术保障,中国故事通过短视频、网络游戏、社交媒体等平台,巧妙地跨越不同的语言文字、文化传统、价值观念、意识形态的壁垒。比如"李子柒"仅凭 128 条短视频就在 You-Tube 圈粉 1800 万,停更之后海外粉丝数量不降反升,视频中没有一个字夸中国好,但却讲好了中国故事;国产游戏《原神》吸引超 3 亿的全球用户,跻身全球游戏 Top3,其中海外营收占比 69%,被誉为点燃游戏搭载中国传统文化出海的第一把火;云南野生亚洲象北迁现象,引发全球 3000 多家媒体 67 万多条相关报道,全网浏览量超过 110 亿次,人与象的和谐共处展示了可亲可敬可信的中国形象。本课题选取具有巨大网络影响力的中华文化国际传播事件开展实证分析,运用交叉学科理论分析数字人文赋能中华文化国际传播的形态和特点,梳理传播主体、内容、平台、受众、效果之间的耦合关系,阐释新媒体跨平台融合产生新意义和新效果的作用机制和内在逻辑;探讨新形势下广西国际中文教育领域进一步深耕细作东盟各国,进行新媒体矩阵布局,助力中华文化(包括八桂文化)向东盟传播的策略优化。

第一节　近年来中华文化国际传播的发展状况

一、数字人文既是文理跨学科交叉合作的研究方法,又是数字技术与人文内容相互交融的传播实践活动

(一)数字人文(Digital Humanities)这个概念于 2004 年正式提出

数字人文,近十年来成为学术研究的热点。目前学界从三个方面对它展开研究:一是把它看作一种研究方法,通过引入计算机技术和工具来处理传统人文研究中难以量化和效能验证的问题;二是把它看作一种实践,当作充分运用计算机技术开展合作性、跨学科的研究、教学与传播的新型组织模式,是数字技术和人文内容相互交融的实践活

动;三是把它看作一个新兴的交叉学科的建设问题。无论如何,数字技术和传统人文研究相结合,已引发了学术研究、知识生产和文化传播的巨大变革。[1]

(二)数字人文使跨国文化传播迈入"数字化文艺复兴时代"[2]

在线翻译、算法推送、虚拟现实、人工智能等,使不同的语言、文化、价值观的藩篱被弱化。电视、电脑、手机等多屏渐趋合一,社交媒体、短视频、新闻公众号、电商等组成的新媒体矩阵互联互通,优势互补,实现了传播内容、介质、途径的深度整合,多媒体叙事、交互叙事、数字叙事,平权化、移动化、分众化、平台化的新媒体传播模态,使"跨文化交际的边界扩大、模糊,传播过程更为复杂"。[3]传播学领域近年来所形成的理论观念和阐释框架,为拓展数字人文赋能中华文化(包括八桂文化)面向东盟传播提供了重要的理论参考和实践借鉴。

二、数字人文既是时代语境,又是方向和路径,推动国际中文教育的转型升级

(一)国际中文教育在促进中华文化国际传播方面具有独特的地位

文化教学的定性、定位、定量,文化教学的原则、方法、模式,语言文化融合、大文化观等理论探索和实践,体现了国际中文教育以深度的语言教育活动参与并推动了中国语言文化在全球传播的历史进程。[4]"大变局"与"数字人文"合力之下,国际中文教育进入4.0时代,[5]交叉融合的新学科理论体系和知识体系在继承、转型与重构中发展,[6]国际中文教育的教学生态、内容、方法、模式等正面临深刻变化。

（二）数字人文对中华文化国际传播的路径重塑、流程再造、价值共建作用

复杂的国际形势对讲好中国故事提出了更高的要求，数字人文赋能之下短视频、网络游戏、社交媒体等实现文化与商业价值的共通共融，为中华文化的国际传播提供了路径重塑、流程再造、价值共建的新渠道。[7][8]围绕国际中文教育面临的困难与机遇，打造多层级、立体化的国际传播体系，学界展开了热烈的讨论，明确指出数字人文既是国际中文教育的时代语境，又是中华文化国际传播的新方向和实践进路。[9][10]虽然理论层面的成果较为丰富，但面向东盟传播的实践研究和模式探索仍比较缺乏。

目前，中国的社交媒体 APP 在促进中国与东盟各国的民间交往和文化传播方面发挥着越来越重要的作用，抖音 Tik Tok 在东盟各国拥有月活用户超过 2.4 亿，快手 Snack Vedio、火山视频、西瓜视频、今日头条等也推出了海外版。但是，针对中华文化（包括八桂文化）面向东盟传播的典型事件的调查，及其传播模态的追踪，进行多维度评估和反思的研究成果仍比较缺乏，亟须从跨学科维度进行相关理论探索和实际调查研究。

第二节　广西国际中文教育面向东盟各国传播中华文化的策略思考

一、近年来中华文化国际传播的现象级事件

本文的研究对象，是近年来基于互联网平台并产生了巨大国际影响力的中华文化国际传播的重大事件，包括采用短视频、网络游戏、社交媒体等形式的国际传播现象。选取李子柒短视频、网络游戏《原

神》、云南野象北迁等现象级传播事件,展开借鉴研究,总结数字人文赋能中华文化国际传播的宏观效果与微观经验,为中华文化(包括八桂文化)面向东盟传播提供理论参考和实践借鉴。

二、关于广西国际中文教育面向东盟传播中华文化的策略探讨

(一)探讨国际中文教育在中华文化传播方面的独特地位和功能,数字人文技术赋能中华文化国际传播的作用机理

着重分析当前国际中文教育面临的挑战和机遇及其在中华文化国际传播方面的独特地位和功能;综合交叉学科理论,探讨数字人文赋能国际传播的作用机理,探讨当前语境下国际中文教育面向东盟传播中华文化(包括八桂文化)的可能性突破。

(二)构建网络新媒体平台传播的评价要素系统

基于数字人文赋能传播的功能与作用机理,结合传统媒介传播的评价要素和环节,构建新媒体平台传播模态的评价系统,从平台类型、内容主题、受众定位、运维模式、用户规模等方面,结合事件节点的时间链条、浏览量、转发数、留言数、评论内容等具体情况进行借鉴,提出新媒体平台的中华文化国际传播的综合评价指标系统,以此作为面向东盟传播的案例研究框架。

(三)中国故事在短视频、网络游戏、社交媒体等平台传播实践的调查研究

1. 个案调查分析

通过采集、分析文本和数据资料,分析前述三个传播事件所呈现的新传播形态和特点,研究短视频、网络游戏、社交媒体等对中国故事国际传播的现实做法和成效,考察不同传播主体和平台在中华文化(包括八桂文化)国际传播中所发挥的影响力,提炼新媒体矩阵式跨平台传播的宏观效果与微观经验,总结存在问题,为国际中文教育面向东盟讲好中国故事提供实践资料和现实参考。

2. 案例对比研究，挖掘传播主体、内容、平台选择和效果之间的内在逻辑

结合扎根理论、协同—共生理论和认知—情感—行为模型，进行案例对比分析，既考察不同事件在同一平台的传播状况对比，又考察同一事件在不同媒体平台的受众规模、评价反馈、传播效果的差异，剖析新媒体传播模态跨平台之间内容协同、舆论导向、引流联动、互补呼应的全媒体矩阵式传播的关联机制，为面向东盟传播提供借鉴。

（四）东盟汉语学习者对新媒体平台的使用和内容偏好情况调查

在梳理传播主体、内容、平台选择和传播效果之间内在逻辑的基础上，通过来桂留学生和东盟各国的孔子学院，进一步掌握各个新媒体传播平台对不同国家、不同年龄、不同层次的汉语学习者群体的影响力情况，分析影响他们选择和使用传播平台的因素，了解他们对中华文化（包括典型的广西文化符号、人文地理内容）的偏好，提升广西国际中文教育开展面向东盟传播的新媒体矩阵内容建设和平台布局的适切性。

（五）国际中文教育领域传播中华文化的策略优化研究

1. 分众化、区域化、本土化的文化传播内容建设研究

以数字人文赋能中华文化国际传播的作用机制为逻辑指引，参考案例所呈现的新媒体传播模态下传播主体、内容、平台选择和效果之间的耦合关系，结合东盟汉语学习者对新媒体平台的使用和内容偏好的调查结果，并结合《国际中文教育用中国文化和国情教学参考框架》，探讨面向东盟的分众化、区域化、本土化的中华文化传播策略，进行面向来桂留学生的广西山水文化、民族建筑风貌、节庆游艺、民俗工艺等短视频、文化微课的开发建设。

2. 广西国际中文教育领域布局新媒体矩阵，开展跨平台传播的实施路径研究

总结短视频、虚拟游戏、社交媒体等平台在传播中国故事方面的

成功和不足,结合跨平台之间内容协同、舆论导向、引流联动、互补呼应的全媒体矩阵式传播的协同机制,结合东盟各国汉语学习者对新媒体平台的使用和选择偏好,探讨国际中文教育领域中华文化(包括八桂文化)传播的提升策略,开展新媒体矩阵和跨平台传播的实施路径研究。

第三节　努力契合广西国际中文教育的理论和现实需求

一、为扩大世界范围内认同中华文化的受众群体而努力

笔者作为具有跨文化传播知识经验的博士,在长期的国际中文教育和跨文化传播研究中,独立完成或合作发表了与本课题相关的《跨文化交际的认识误区及其纠错》《提升汉教专业学生跨文化传播能力程度的思路与措施》《依托汉语国际教育面向东南亚传播广西地域文化的思考》等28篇论文,合作撰写省部级专业硕士学位主题案例征集立项的《网络游戏搭载传统文化出海:以米哈游游戏为例》《李子柒短视频对中华文化的国际传播》《云南野生亚洲象北迁事件的国际传播》等三个案例研究,撰写厅级统战系统立项的咨政报告《向东南亚传播中国文化应从"多国一策"转向"一国一策"》等。

上述前期相关研究成果的核心观点认为:在全球新媒体发展的浪潮下,基于互联网技术的社交媒体、自媒体等新媒介形态的发展,不仅推动了国际传播格局的深刻变化,还为中华文化(包括八桂文化)提供了更加多元的对外传播路径与机遇。社交媒体凭借传播范式创新、文化互动性强、技术导向优势等独特属性,有助于提高海外受众对中华文化传播内容的亲和感与认同感,推进中国故事(包括八桂故事)的精

准传达,增强对外传播的亲和力和实效性,从而持续扩大世界范围内认同中华文化的受众群体。传统文化 IP 化是文化传播的一条创新路径,打造传统文化 IP 要立足经典,扎根传统文化的思想观念和人文精神,数字技术的合理运用是打造传统文化 IP 的重要支撑,要利用不同平台定位、不同圈层人群特征,以共同兴趣粘连更多年轻人参与中华文化(包括八桂文化)的传播。

二、回应中华文化国际传播的需求,贡献学术力量

本课题拟完成调查报告《东盟汉语学习者对新媒体平台的使用和内容偏好情况调查报告》,研究报告《国际中文教育领域数字人文赋能中华文化面向东盟传播的实施路径》各一篇。

(一)追求独到的学术价值

不断探索汉语和中华文化国际传播的新路径,是国际中文教育的核心问题之一。国内已有的研究成果主要从新闻传播学、国际关系学等视角进行。而以交叉学科理论,综合国际中文教育、跨文化交际、社会心理学等理论开展研究的成果仍比较缺乏。

东盟是全球瞩目的新兴经济体,也是最大的来华留学生源地,是国际中文教育精耕细作的重点区域。广西凭借地域和民族语言谱系接近的独特优势,成为国内接收东盟留学生人数最多的省份之一。东盟的汉语学习者具有接受中华文化的先决条件,是传播中华文化的重要对象,能够发挥再传播的作用,延伸汉语和中华文化(包括八桂文化)国际传播的时空链。本课题努力争取契合当下广西国际中文教育的理论和现实需求。选取真实的典型的传播事件开展案例研究,明确国际中文教育领域数字人文赋能中华文化(包括八桂文化)面向东盟传播的作用机制和功能价值,努力为促进赓续中华文脉(包括八桂文脉)的创造性转化和创新性发展,为广西国际中文教育学科的新媒体矩阵内容建设和路径优化贡献一点微薄的力量。具体而言,新媒体传

播模态下主体、内容、平台选择和传播效果之间的内在逻辑,跨平台之间内容协同、舆论导向、引流联动、互补呼应的全媒体矩阵式传播的协同机制的研究,可以为广西国际中文教育的后续研究提供一些理论借鉴与实践参考。

(二)追求理论联系实际的应用价值

努力关注数字人文赋能之下的中华文化(包括八桂文化)国际传播的新样态,探讨中国故事的跨平台传播的成功和不足,探索国际中文教育传播体系融合数字化、智能化以及人文特性的学科合作的创新路径,争取为广西国际中文教育的转型升级,布局新媒体矩阵,为面向东盟传播的路径和效果优化提供一些参考资料。

具体而言,本课题研究论文通过报刊媒体发表,可以为阐释和传播传统文化的宣讲、培训、授课、公益活动等提供一些参考资料。结合真实的典型的传播事件所开展的案例调查研究,可以为广西文化传播企业、自媒体等相关单位和人员的文化内容选取、短视频制作、网络游戏开发、广西国际中文教育的文化教材编写、文化微课设计和制作,提供一些理论资料和实践参考。可以为广西国际中文教育专业本科生、研究生以及国际中文教师岗前跨文化能力培训提供一些教学资源。开展东盟汉语学习者新媒体平台使用和内容偏好情况的调查,有利于进一步掌握东盟各国汉语学习者对中华文化(包括八桂文化)的认知状况,可以为提高广西国际中文教育领域面向东盟的分众化、区域化、本土化、数字化资源开发的适切性,提供一些现实依据。

参考文献:

[1]孟建,胡学峰.数字人文:媒介驱动的学术生产方式变革[J].现代传播,2019(4).

[2]肖珺,胡文韬.新媒体跨文化传播的难点及其理论回应[J].新闻与传播评论,2021(1).

[3]陈国明.全球网络社区的建构:一个跨文化交际视角[J].跨文化传播研究,2020(2).

[4]崔希亮.世界格局剧烈变化背景下的国际中文教育[J].天津师范大学学报(社会科学版),2022(4).

[5]王春辉.历史大变局下的国际中文教育——语言与国家治理的视角[J].云南师范大学学报(哲学社会科学版),2021(2).

[6]吴应辉,梁宇.交叉学科视域下国际中文教育学科理论体系与知识体系构建[J].教育研究,2020(12).

[7]史安斌,朱泓宇.人类文明新形态背景下中华文明的国际传播:理论升维与实践创新[J].新闻与写作,2023(7).

[8]段鹏,彭晨.数智时代短视频助力中华文明国际传播的内在逻辑与创新路径[J].中国编辑,2024(3).

[9]刘利,周小兵等."ChatGPT来了:国际中文教育的新机遇与新挑战"大家谈[J].语言教学与研究,2023(3).

[10]李宝贵,刘家宁.新时代国际中文教育的转型向度、现实挑战及因应策略[J].世界汉语教学,2021(1).

（作者:袁　柳）

编外编
交流编

第十章 六堡的地名及其茶叶产销和运往东南亚的历史轨迹

第十章　六堡的地名及其茶叶产销和运往东南亚的历史轨迹

摘要:本文主要探讨中国三大黑茶之一的六堡茶的历史,六堡茶的名字由来、生产和销售的时代轨迹。19世纪末,随着马来西亚锡矿的开采,大批闽粤桂地区的农民到东南亚谋生,六堡茶跟随他们下南洋,成为"劳工茶",之后远销东南亚,并迎来了繁盛时期,从而形成以六堡茶产地为起点,途经梧州、广州、香港,最终抵达马来西亚、新加坡等地的运输、销售的水路,成就了著名的"茶船古道"这一黄金水路。如今的六堡茶由于这段独特的历史文化内涵,华丽转身,转型为承载着历史文化的茶饮。

关键词:六堡茶;历史;文化;茶船古道

"六堡茶"的原产地是中国广西壮族自治区梧州市苍梧县六堡镇,和大部分茶叶一样,以原产地命名。六堡茶是黑茶类的三大代表之一,同云南普洱茶、湖南安化黑茶齐名,同享"中国三大黑茶"美誉。"陈、醇、浓、红"是六堡茶的四个本质特征,"陈"是指可长期保藏,成为陈年老茶,历久弥佳;"醇"即味道醇和甘厚,香润爽口;"浓""红"即茶叶呈黑褐色,茶汤像琥珀的色泽一般,可以重复多次冲泡。然而,当代黑茶的代表普洱茶名满天下之时,六堡茶似乎依然"养在深闺人未识",传播范围有限。随着普洱茶占据市场的主要位置,获得巨大成功之后,六堡茶作为黑茶的名牌,也因其独特的品质、风味及其保健作用,重新引起人们的记忆和重视,吸引更多消费者的视线,迎来新的发展机遇,焕发出勃勃的生机。

伴随着普洱茶"走红"的强劲势头,六堡茶应运重生,又一次进入产品生命周期的黄金时期。六堡茶作为一个古老品牌,生产历史悠久,早在清朝嘉庆年间,就因具有独特的香味而跻身中国 24 大名茶之列。[1]六堡茶是著名的侨销茶,拥有自身独特的销售渠道,在中国主要销往广东、广西、香港、澳门地区,对外主要销往马来西亚、新加坡等国家,在东南亚一带久负盛名。笔者追溯六堡茶的前尘旧事,探寻原本幽居深山老林,只是当地自产自用的地方性茶叶,在特定的时代潮流和历史文化语境中,如何被卷入世界经济大循环的体系中,参与并见证那一段华人"下南洋"的沧桑历史。

第一节　六堡茶原产地和地理标志产品的由来

六堡茶生产和饮用历史悠久,100 多年以前,就曾经在中国两广和东南亚地区享有盛名。但是,因为某种原因,后来很长一段时间之内,六堡茶的影响范围反而明显缩小。有的人误以为普洱茶打开了局面,黑茶(以普洱茶为代表)产生了巨大的影响之后,六堡茶是跟风搭车,研发产生的一个新品种。为追寻六堡茶的悠久历史,有的学者赴当地开展田野调查,听六堡镇的老茶人们说起六堡茶已经有上千年的生产饮用史。近年来农业考古专家在六堡茶原产地一带,发现了不少千年古茶树,当地人由此更加肯定他们祖先在千年前已经开始种茶与制茶。然而,在进行文献资料查阅,正式检索有关六堡茶种植和制作的史志资料时,却发现没有如此漫长的生产销售记录,这就形成一个历史疑问。笔者到六堡茶的原产地进行调研,考察当地有代表性的民间茶人和茶园茶厂,查阅地方志等史料,发现一个关键问题,关于六堡茶的名称,史料记录众说不一,历史上缺乏统一性,存在不确定的状况,从而造成人们对六堡茶认识不清。

一、"六堡"地名考证

六堡茶的原产地在广西壮族自治区梧州市苍梧县六堡镇,如今逐渐被人们所熟悉的"六堡茶",正是因为产自六堡镇而得名。其实,六堡镇自古就产茶制茶销茶,但是,上述的历史疑问却一直存在,为什么在清代以前的历史文献资料中,没有发现关于"六堡茶"的历史记录。在六堡镇走访老茶人时,听他们介绍口耳相传的当地茶史,据说当地宋代起就产茶,只是当时并不叫六堡茶。根据相关历史文献资料,"六堡"这个地名并不是自古就这样叫的,与此相应,当地的茶就不可能从一开始便叫做"六堡茶"。为什么民间传说六堡茶的生产制作工艺这么悠久,但在史志等文献资料中,却没有发现"六堡茶"的文字记录。由此看来,不解决六堡这个地名的考据问题,就很难在古代史料中找到相关的记载。这也正是不少人误以为六堡茶的历史并不长的一个主要症结。

古代为了便于征兵征税,出于军事管理方面的需要,"变募兵而行保甲",[2]实行保甲制度。元代承袭保甲制度,明清还进一步加以强化。"堡"作为一个行政单位,源于保甲制度。根据清代同治十三年(公元1874年)编修的《苍梧县志》记载,清代以后,苍梧县下设乡级行政单位,以浔江为界,浔江以南设5个乡,浔江以北设6个乡,乡以下再设堡、闸、洲、甲。具体来说,多贤乡在其所辖的浔江以北山区,以堡为单位,一共设置头堡、二堡、三堡、四堡、五堡、六堡等六个堡,作为行政管理区域。因为多贤乡下辖6个堡,所以又被民间称为六堡乡,[3]这是将"六堡乡"当作当地地名最早的起源。同是这个地方,那时候民间起名叫做六堡乡,官方命名为多贤乡(一地两名),这个地方就是今天"六堡镇"所辖的区域。虽然六堡乡这个地名到了清代才得以确立,但是,在此之前,六堡这个地方早已种茶制茶贩茶。换句话说,六堡这个地方的种茶和制茶业形成在先,"六堡"这个地名形成在后,而且要晚得多。

　　早在"六堡"这个地方叫做"六堡"之前,这片土地就已经成为有名的茶区,关于这一点,可以从两幅清朝地图看出来。在"六堡"这个地名形成之前的 180 年,一幅绘于清代康熙三十二年(1693),现在保存在苍梧县博物馆的地图[4],将如今六堡镇所在的地方,标注为"茶亭"。如图 1。

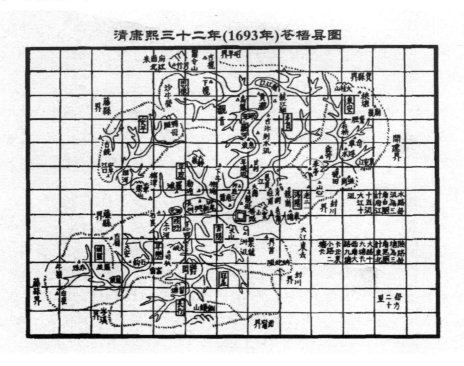

图 1　康熙三十二年的苍梧县图可看到"茶亭"之名

　　另一幅地图刊载在清代同治年间编修的《苍梧县志》一书中,同样将今天六堡镇所在的地方(山心西北处)标注为"茶亭"。[5]如图 2。

图2 同治年间编修的《苍梧县志》所附地图上山心西北(即六堡方向)为茶亭

古代茶亭,是一种亭子形状的公共场所,主要用于茶农和茶商出售、收购和储存茶叶,是茶叶交易的市场。在地图上将多贤乡明确标注为"茶亭"类型的市场,甚至取代"多贤"这个官方正式的地名,从而成为茶叶这类产品的地理标志,这从另一方面印证了上述第一幅地图所反映的历史资料,即最迟在1693年之前,六堡这个地方就是远近驰名的茶叶产销地区。由此可见,六堡这片土地种茶贩茶在先,六堡这个地名诞生在后,换句话说,六堡这个地方种茶、制茶、贩茶的时间,明显比"六堡"这个地名诞生的时间要早得多。

二、六堡茶名称的由来

现在的六堡茶,因为原产地六堡镇而得名。不过,在历史文献资料中,同样的六堡茶,曾经有过各种不同的名字。康熙三十六年(1697)刊印的《苍梧县志》这样记载:"茶产多贤乡六堡,味醇隔宿而

不变,茶色香味俱佳"。[6]在此之后,同治十三年(1874)重新修编的
《苍梧县志》也有类似记载:"茶产多贤乡六堡,味厚,隔宿不变,产长
行虾斗埇者名虾斗茶,色香味俱佳,味稍薄耳。"[7]将上述关于"茶亭"
的地图资料,还有此处地方志的史料记录联系起来进行考察,从中可
以看出,至少从康熙中期到同治末期这一百多年间,六堡这片土地一
直是产茶和贩茶活跃的地方。彭庆中在《中国六堡茶》一书中谈到关
于六堡茶名称的情况,在清代中后期至民国很长的一段时间里,一些
茶商为了垄断茶叶生意,出于保护自己商业利益的动机,刻意隐瞒六
堡这个茶叶产地,当时外地的茶店里面,通常用"桂青"(广西的简称
"桂"),或者"青茶"来指代六堡茶。[8]这个时期的六堡茶,往往加工制
作成金钱的形状,所以当时的茶庄茶行,又用"四金钱"来指代六堡茶,
现在一些老茶庄的文件票据里,仍旧可以看到标注有"四金钱"的茶
票。[9]根据彭庆中的考据,六堡茶在清代和民国期间曾经有过"广西
青""上河青""西青""土青""肇青"等各种不同的名字。[10]六堡这个
地方地处交通、经济、文化都比较落后的山区,而当地茶叶又缺乏统一
的命名和牌子,因此,在史志文献资料中,没有发现与"六堡茶"这个名
字有关的确切记载。

目前所收集到的文献资料中,最早使用"六堡茶"这一专有名词的
记录,来源于《中国名茶志》,而《中国名茶志》则是转引《广西通志稿》
的记载"六堡茶在苍梧,茶叶出产之盛,以多贤乡之六堡及五堡为最,
六堡尤为著名,畅销于穗、佛、港、澳等埠"。[11]从文中可看到,"六堡
茶"产自苍梧县,当时多贤乡所辖的"六堡""五堡"所产之茶都叫做
"六堡茶"。由于《中国名茶志》引用《广西通志稿》却没有标注出处,
所以不知道《广西通志稿》是哪一版,是什么时候成书的。从书中关于
"多贤乡"的称谓可以推测,"六堡茶"的名称最迟在民国二十二年
(1933)之前即已出现,并已逐渐固定下来。[12]我们从此后的文献资料
中,看到"六堡茶"这一品名开始逐渐出现在历史资料中。比如,苏宏
汉在1935年的《苍梧六堡茶叶之调查》中记载:"六堡地方辽阔,各村

所产之茶,彼此不同,优劣因之迥异,有恭州村茶,黑石村茶,芦笛村茶,离涌村茶,蚕村茶等名称。"[13] 由此可见,历史上对于产自梧州市苍梧县一带的黑茶的称呼有多种不同的叫法,经后人考证,"多贤茶""广西青""四金钱""上河青""虾斗茶""西青""土青""桂青"等名称,都曾经是对六堡茶的称谓,如此多而杂乱的名称,对六堡茶这一专门品名的确立,以及传播推广都不利,这正是历史上六堡茶一直偏于一隅的重要原因。

我们继续梳理六堡茶发展史,19 世纪中期以后,六堡茶生产在技术工艺方面,已经基本定型,并具有相当的生产规模,在当地已形成一定的市场基础。由于原产地六堡镇地处粤语方言区域,进而辐射和推广到整个粤语地区,得到比较广泛的市场认可。如苏宏汉《苍梧六堡茶叶之调查》记载:"查苍梧最大之出品,且为特产者,首推六堡之茶叶,就其六堡一区而言(五堡四堡俱有出茶,但不及六堡之多)每年出口者,产额总在六十万担以上。"[14] 从《中国名茶志》引用《广西通志稿》的资料得知:"六堡茶在苍梧……畅销于穗、佛、港、澳等埠。"[15] 在民国时期,六堡茶在饮茶风气盛行的岭南粤语地区,特别是在广州、佛山、香港、澳门一带销售情况很好。根据《苍梧县志》记载,"(六堡)在明清及民国初期属多贤乡,民国二十二年(多贤乡)改称六堡乡",由此可见,1933 年多贤乡改名六堡乡,至此,六堡乡才正式成为一个行政地理名称。[16]

从上述各种史志资料中可以看出,六堡这个地方产茶的历史,比"六堡"这个行政地理名称确立的历史要早得多。六堡茶作为两广地区重要的茶饮品种,具有特定的地理标志产品的意义。绘于 1693 年的清代地图,将六堡这个地方标注为"茶亭",可见当时当地茶业的规模和知名度已经比较可观。而此后的 100 多年,一条贩运六堡茶的水路形成茶船古道,进一步夯实六堡茶产业的基础,拉动六堡茶国际市场不断扩展,使六堡茶形成规模化生产,名扬东南亚。

第二节　茶船古道与六堡茶运销历史轨迹

茶叶的种类同它的水土、种植、制作、储存和运输有密切的关系。黑茶往往产于交通和经济欠发达地区,故而仍旧保留着古老的生产工艺和悠久的传统文化,古代黑茶的种植、制作和贩卖,总是伴随着茶民的辛酸和苦难,也凝结着茶民的智慧和才干。普洱茶的对外运输和销售,打通了一条货物贸易与文化交流之路,成就了同丝绸之路相媲美的茶马古道。六堡茶的外运外销,也拓展出一条著名的茶船古道,这条运输六堡茶出口贸易的黄金水路,折射出六堡茶百年兴旺的历史,见证了六堡茶的繁荣辉煌。茶船古道的起点在六堡镇六堡河,沿六堡河经东安江、西江汇入珠江,到达广州,在广州经过重新包装和分销,几经辗转,抵达香港地区、澳门地区、马来西亚、新加坡乃至世界各地。

一、拓展茶船古道的历史背景

这条见证六堡茶外运外销历史的茶船古道,同 19 世纪中后期肇始的中国近现代史紧密相连。1840 年鸦片战争之后,中国社会发生了剧烈的变革,特别是福建和两广地区,以茶叶为主的经济作物受到巨大的影响。与此同时,自给自足的自然经济逐渐解体,福建、两广地区大批农民、城镇手工业者为了躲避乱世,背井离乡,远涉南洋,寻求生路。恰逢那时候马来西亚发现了巨量的锡矿资源,出现开采热潮,还有橡胶业也成为支柱产业,需要大量的劳动力。因此,"下南洋"成为中国福建、广东、广西劳工重要的谋生渠道。根据郭威白在《马来亚中国人在发展当地经济中的作用》一文中统计,1860 年到马来西亚务工的中国人数为 96 304 人,此后人数逐年攀升,1901 年达到 281 620。[17]如此大规模的华人劳工进入马来西亚务工,自然地给当地带去华人的生活习俗。福建、两广是中国重要的产茶、饮茶地区,这些来自福建、两广的华人劳工,大量涌入马来西亚的同时,也将饮茶的习惯带到马来西亚。

中国福建、两广沿海地区属于亚热带季风气候,马来西亚属于热带雨林气候,两地气候有着极大的不同,马来西亚常年潮湿闷热,尤其是采锡矿场的劳动条件更是异常艰苦,湿热的天气和恶劣的劳动环境,使得很多华人劳工出现中暑、腰酸背痛、瘴气等病症,采矿洗矿时,华工们的双脚长时间地泡在水里淘洗锡砂,所以患风湿及关节疼痛的人也不少,甚至有些人因此而丧命。《三联生活周刊》记者杨璐《寻访南洋老六堡》的专访文章,也提到六堡茶对于锡矿"劳工病"的"药用疗效"。[18]当时在马来西亚的矿主发现,其他矿区的华工们常常因为水土不服,动辄染病,不同程度地出现发热中暑、呕吐、拉肚子等现象。但是,在广西梧州劳工聚集的矿区,这种"水土不服"的"热带病"则比较少见。究其原因,是这些苍梧的劳工平时习惯饮用家乡的"六堡茶",饮用六堡茶后,水土不服等"热带病"症状得到了缓解。这一意外发现,使马来西亚矿区对六堡茶的需求量迅速激增。为了保证劳工的劳动效率和采矿的产量,各个矿场的老板开始向中国购买这种"治病神药"——六堡茶。于是,六堡茶"神奇的药用价值"被挖掘和传播开来,原产于大山深处的六堡茶开始了一段历时百年的海外征程。原本幽居深山老林,只是当地人自给自足的六堡茶,就这样在特定的时代潮流和历史背景中,卷入了世界经济大循环的体系中,参与并见证华人"下南洋"这一段特殊的历史。

二、茶船古道的路线

六堡乡地处桂东山脉腹地,通往外界的山路陡峭,崎岖蜿蜒,怎样才能快速高效地将六堡茶大量地从边远的山区运输出来? 显然,采用人力肩挑走盘山小路的陆路运输,成本太高,效率太低,根本无法满足巨大的市场需求。精明能干的茶商发现水路可以满足他们大量贩运六堡茶的需求,于是,一条因为贩运六堡茶而被开发出来的"茶船水路"便应运而生。六堡茶在今天六堡镇的合口码头装上"尖头船",沿六堡河顺流而下,到九城(六堡镇所辖)集结,到达梨埠镇码头之后,换装上大木船,然后顺着东安江进入贺江,循贺江行驶,在广东省肇庆市封开县江口镇汇入西江,到郁南县都城镇换装大货船,然后运输到广州,由广州再分别装船,最终运输到香港、澳门、东南亚各地。这条伴随着六堡茶的贩运而兴旺发达的水上运输通道,终于成为六堡茶对外运输销售的"黄金水道"。六堡茶"茶船古道"水路图,如图3。

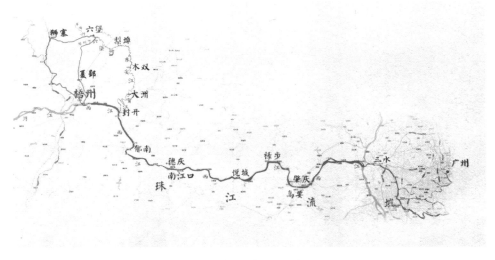

图3 茶船古道示意图

茶船古道水路的形成,与梧州得天独厚的地理位置有很大的关系。梧州是广西广东交界处最重要的城市,浔江、桂江(上游为漓江)在这里汇合形成西江,西江支流众多,是珠江水系中最长的河流,梧州至今仍是我国主要的28个内河港口城市之一,所以梧州又被誉为"广西水上门户""百年商埠"。六堡茶运输船由西江再向东行驶,通过西江这一条珠江流域的重要水道,汇入珠江,抵达广州,联通港澳。六堡茶就是这样通过便利的水路,以低廉的运输成本,源源不断地输往境外。19 世纪末至 20 世纪上半期的几十年间,大量的六堡茶通过"茶船古道"这条黄金水路销往东南亚,尤其是马来西亚等地。据史料记载,当时的六堡镇,有不少来自梧州、广州、香港的著名茶庄茶行,例如"香港天顺祥、广元泰、英记、万生、文记、广生祥兴盛庄、同盛、广福泰、新记……"都纷纷到六堡镇设立自己的茶叶收购点,[19] 从中我们可以遥想当年六堡茶产销两旺的境况以及茶船古道的繁忙喧闹。

因为东南亚一带的矿区对六堡茶的大量需求,促进了六堡茶的大量生产,六堡茶的贩运达到了历史上前所未有的兴盛,在这种生产与销售的共同合力之下,茶船古道这条黄金水路开始形成。从清朝末期,到民国初年,再经历民国时期的"黄金十年(1927—1937)",直至抗日战争前期,六堡茶沿着这条黄金水道一步步走出国门,走向世界。抗日战争后期,1941 年底,香港沦陷,日本封锁了东南亚的海上运输,六堡茶的境外销售管道被堵住,茶叶贩运基本停滞。中华人民共和国成立后,六堡茶的生产才逐步有所恢复,随后进入计划经济时代,1950年到 1966 年,尽管东南亚市场对六堡茶仍有需求,但六堡茶和所有茶叶一样,由国家统购统销,由中国茶业公司梧州分公司统一经营,在此期间,六堡茶仍旧陆陆续续地通过西江水路,运输到广州去。20 世纪70 年代开始,国际锡价大跌,东南亚的华人锡矿被西方资本收购,华工群体分散到四处谋生,六堡茶失去了集中的庞大的华工消费群体,好不容易正在逐渐恢复之中的六堡茶产业市场,又一次萎缩并逐渐衰退。20 世纪 70 年代中期,六堡河流域建起了双学水坝和大中水电站水坝,茶船古道这条贩运茶叶的专门通道最终完全停止使用。茶船古道流过了百年春秋,从昔日的黄金水道回归平静,河道悠悠,见证了六堡茶的沉浮兴衰。

第三节　从劳工茶转型为历史文化饮品

六堡茶最初是因为能够应对东南亚的湿热气候,发挥调理肠胃的药效,而在当地矿场流行开来的。后来,福建、广东人带去的"叹茶"文化,在马来西亚、新加坡落地生根,从此东南亚一带的茶楼也开始兴盛起来,这些茶庄、茶楼也喜欢销售、品饮六堡茶。而当时由于需求量巨大,矿老板往往大批量采购六堡茶,后来马来西亚矿业急剧衰退,那些尚未来得及投入使用的六堡茶,不少还存留至今,这些已经有近百年历史的老六堡茶,成为难得的陈年老茶的珍品。如今六堡茶已经成为东南亚华人对故乡的一种文化记忆。20世纪70年代,东南亚锡矿产业衰落,华工群体分散,六堡茶逐渐被封存和遗忘。不过,由于如今推崇普洱黑茶,品饮陈茶蔚然成风,六堡茶又重新唤起人们的记忆,受到了关注与礼遇。然而,与一百年前不同的是,六堡茶如今已经摆脱当年价格低廉的"劳工茶"的定位,实现了华丽转身,成为承载百年沉浮兴衰,具有深厚历史文化底蕴的饮品。

原产地在广西境内的六堡茶之所以获得新的发展契机。一方面得益于以普洱为龙头的黑茶畅销效应,另一方面是因为中国东盟自由贸易区的建立,广西成为全国面向东盟进行经济贸易和文化交往的桥头堡,六堡茶已经开始逐渐进入振兴的状态,今天的六堡茶不仅仅是一个茶叶品牌,更是一种具有独特内涵的茶文化现象,成为广西的一张历史文化名片。

如今,六堡茶成为历史文化饮品,有其自身独特的传统根源。六堡茶伴随着近百年华工下南洋的艰辛与苦难,形成了独特的历史文化积淀。六堡茶除了茶性温和,消暑祛热,具有解渴除瘴,调理肠胃等"药效",还有一个非常重要的因素,那就是岭南地区粤语文化语境下人们的地域文化认同感。六堡茶维系着一群来自粤语文化背景的海外华工消费群体,是他们寻找身份认同与文化认同的一个重要媒介。如果说,六堡茶百年前因为具有应对"劳工病"的药用价值,从而受到东南亚华工的欢迎,那么,当今东南亚华人后裔以及海外华人对六堡茶的认同和喜爱,则带有一种"忆苦思甜"的历史文化情怀,追求健康的生活美学态度。这种已经被确认的身份认同和文化归属感,反过来又带动六堡茶产业的增长,反哺产业经济,使六堡茶的生产规模和制作工艺得到提升。据《三联生活周刊》登载的《寻访南洋老六堡》一文记叙,记者在当今马来西亚怡保街头的药店里仍能找到 20 世纪六七十年代老六堡茶的踪迹。[20]可喜的是,现在六堡茶不仅早已摆脱了价格低廉的劳工茶印记,并且因为这段独特的历史,成为乡土文化的符号和乡愁的手信,重新受到市场的关注与礼遇。随着当地政府强有力的推动,企业的努力进取,六堡茶的产业规模和市场影响力不断增长,如今六堡茶的影响力不再局限于粤语地区,还拓展到全国范围,境外市场也不再局限于马来西亚、新加坡,还逐渐在日本、韩国以及东南亚其他国家打开市场局面,开启了一个新世纪的新征程。

参考文献:

[1]马士成等.梧州六堡茶产业发展调研报告[J].中国茶叶,2014(9).

[2][3][6][7][9]马士成主编.六堡茶大观[M].桂林:漓江出版社,2016.

[4][5]《苍梧县志》,清代康熙三十六年编印;《苍梧县志》,清同治十三年编印,苍梧县档案馆藏。本文引自马士成主编.六堡茶大观[M].桂林:漓江出版社,2016.

[8][10][19]彭庆中.中国六堡茶[M].北京:中国科学技术出版社,2016.

[11][12]邵凡晶.百年沉浮——六堡茶兴衰史初探[J].贵州大学学报(社会科学版),2017(4).

[13][14]苏宏汉.苍梧六堡茶叶之调查[J].广西大学周刊,民国二十三年(1934)(第6卷第4、5期合刊).

[15]王镇恒,王广智.中国名茶志[M].北京:中国农业出版社,2000.

[16]苍梧县志编撰委员会.苍梧县志[M].南宁:广西人民出版社,1997.

[17]郭威白.马来亚中国人在发展当地经济中的作用[J].中山大学学报,1959(4).

[18][20]杨璐.寻访南洋老六堡[J].三联生活周刊,2014(26).

（作者:袁　柳）

后 记

写到后记这里,顺笔接续,勾描韩明老师教学研究历程的一些线索,为勾勒我们教研室专业发展的轮廓作一些伏笔,也为国内的国际中文教育学科保存一些小局部或细节的资料,留下一份具体案例的记录。这是整个学科史的局部研究的细分,是具体个案史的资料收集形式。

1996 年,我入读广西师大中文系本科。在那个时候,就听说中文系的对外汉语教学(后来顺次更名为汉语国际教育、国际中文教育)很有意思,之后又一睹现代汉语教研室韩明等老师跨文化交际的风采。当时的韩老师除了给留学生上课,还专门从事对外汉语教学和研究。从那时起,我开始关注年轻而活力充沛的韩老师,并对她从事的专业感兴趣。2011 年,我在本科毕业 11 年之后,重返母院(原中文系于2005 年 11 月改名为文学院)读硕士,再次成为韩老师的学生,在韩老师的直接指导下做学位论文,撰写在泰国做汉语教师的调查研究成果,写成这部书稿最早的章节。2016 年,我去韩国读博士,仍旧沿着韩老师的教研方向写作,撰写这部书稿的跨文化交际研究部分。2019年,我又一次重返母院,到语言学与应用语言教研室任教,继续跟随韩老师研究面向东南亚的汉语教学问题。经过前后近三十年时间,我对母院的国际中文教育专业有了一定的了解。常言道,从一滴水珠看大海,从一颗沙粒观世界,我既看到韩老师的教学研究历程,也看到我们教研室国际中文教育专业发展的一个缩影,更看到国内这门学科一个细小的局部和微观的侧面。

提起广西师大的对外交流和合作办学,要从坐落在广西师大育才校区的越南学校纪念馆谈起。1951 年至 1975 年,越南陆军学校、中国语文专修学校、越南"九二"学校曾分别以广西师大的王城校区、将军桥校区、育才校区、尧山校区作为办学校址,先后有一万余名越南学生从这几处校址学成回国。从 20 世纪 90 年代至今,广西师大培养了万余名越南留学生。据不完全统计,上述学成回国的越南留学生,有 4 人先后当选为越南政府副总理,40 多人成为省部级领导,许多人成为越南军队将领、驻华使领馆工作人员、科学家、艺术家、高校中文系主任、驻越中资企业高级代表等。如今,广西师大充分利用上述历史渊源关系,在原越南"九二"学校旧址设立越南学校纪念馆。此外还设立了越南中文教育研究中心和越南留学生活动中心,与越南开展全方位的教育合作。

与此相应,20 世纪 70 年代中期,广西师大开始筹办留学生教育。当时,广西师大获准对外招收留学生,设立对外交流和合作的办事职能机构——外事办公室,负责接待国际友人和筹备招收留学生的工作。1979 年,成立留学生教育工作机构——对外汉语培训中心和国际文化交流中心。20 世纪 80 年代,广西师大留学生生源主要来自美国、澳大利亚、日本三个国家,教学层次主要是初级汉语。

1981 年 7 月,广西师大从中文系和外语系抽调部分教师做兼职教员,成立留学生班教学小组,为首批留学生(12 名美国学生)授课,学校的留学生教育和中文系的对外汉语教学从此正式起步。1983 年 9 月,留学生班教学小组改名为对外汉语教学小组,归属中文系。1989 年 7 月至 1991 年 7 月,来自华东师范大学、四川大学、南京大学的三名毕业生(一名本科生和两名硕士生),先后分配到广西师大中文系现代汉语教研室,作为对外汉语教学小组的专职教师,专门讲授留学生课程"现代汉语",研究对外汉语教学。1989 年 10 月,广西师大成立留学生部。1993 年,对外汉语教研室与中文系脱钩,成为独立的教学机构——对外汉语培训中心。

从 1994 年 3 月起,由于前述历史渊源关系,广西师大与越南胡志明市师范大学、河内师范大学等高校多次互派访问团,互相签订有关教育交流的合作协议。正逢那个时机,1995 年 4 月韩明老师调入广西师大中文系现代汉语教研室任教。1996 年 6 月,广西师大首届越南留学生结束为期一年的汉语学习,由中文系与国际教育交流中心(成立于 1991 年 5 月)共同举行结业典礼。至今为止,广西师大是全国培养越南留学生最多的高校,也是全国唯一一所在越南建立孔子学院的高校。

正是从 20 世纪 90 年代中期起,广西师大越南留学生人数明显增多,中文系为此专门安排多名教师(包括 20 世纪 20 年代至 70 年代出生的老中青三代教师)承担留学生课程,讲授"中级汉语"、"汉语语法"(高级班)、"汉语会话"、"汉语口语及写作"、"汉语精读"、"报刊阅读基础"、"说汉语谈文化"等中国语言文化课程,开展对外汉语教学、第二语言习得等方面的研究。到了 2000 年,中文系新增加对外汉语专业,重新设立对外汉语教研室,并配备六名专任教师。其中两人获得教育部对外汉语教师资格审查委员会颁发的"对外汉语教师资格证书"。1996 年 9 月至 2002 年 6 月这个时段,由于对外交流和合作形势发展的需要,中文系开始派遣教师前往越南,到胡志明市师范大学中文系、胡志明市华文教育辅助会等单位任教,韩明老师就是其中一位。

1996 年我读大一的时候,韩老师晋升为讲师。她由此选准目标,集中精力,全力以赴专攻对外汉语教学和研究,专门讲授中国本科生的"对外汉语教学概论"课程,留学生的"高级汉语"、"新闻听力"、"汉语会话"、"阅读理解"等课程,逐渐成为教研室讲授对外汉语课程门类最多的教师。她 1998 年 9 月赴胡志明市外语信息民立大学从事对越汉语教学(一个学期),2002 年 3 月应胡志明市师范大学中文系邀请赴越进行"HSK"培训（一个学期）。直至今日，韩老师每年多次走出国门，积极到国外讲学，和国外高校、教育和科研机构洽谈签订合作协议，正是从那个时候开始迈出第一步的。在教研室里，韩老师最早选定对外汉语作为自己的专业目标以及职业生涯的主攻方向。

1997 年，广西师大的留学生教育走过了初级汉语阶段，已经发展到高级汉语的层次，驶入正式开办学历教育的轨道。20 世纪 90 年代末，中文系加大力度，扶持当时还比较薄弱的对外汉语教学学科建设。到了 2000 年，中文系设置了对外汉语本科专业（后更名为汉语国际教育专业），开始培养在各类学校开展面向外国人的对外汉语教学的人才，是国内较早设置此专业的中文系。

2000 年 12 月，中文系语言学与应用语言学专业经过授权审批，被批准为硕士学位授予点，主要培养方向为中国语言学史、语用学、对外汉语教学。三个方向总共只招收 5 名研究生，数量有限，培养规模比较小。2006 年，文学院获批中国语言文学一级学科硕士学位授权点。2008 年韩明老师开始带硕士研究生。2009 年，文学院获批汉语国际教育硕士专业学位（以下简称汉硕）授权点，语言学与应用语言学学科的研究生培养规模由此明显扩大。2010 年，韩老师成为第一批汉硕导师。2011 年，我考上母院的研究生，成为韩老师的第二批汉硕学生，亲眼看见身为汉语国际教育中心（后更名为国际中文教育中心）负责人的韩老师启发和引导大家，大力开展汉语国际教育（后更名为国际中文教育）学科建设，不断取得显著的绩效，收获一系列丰硕的成果。2021 年，作为学科带头人的韩老师成为博导，依托汉语言文字学专业招收面向国际中文教育的汉语语法研究的博士研究生。文学院国际中文教育专业人才培养层次再上新台阶，涵盖了本科生、硕士生和博士生三个学历层次。

2010 年以后，广西师大逐渐构建"以学校为主导，以学院为主体"的开放型国际交流合作工作格局。在国际中文教育中心主任韩明老师的努力开拓和大力推动下，文学院国际中文教育学科焕发出新的生机与活力。韩老师引导和团结大家,相互配合,形成合力,拓展与国外高校、教育和科研机构的交流与合作,在双向留学教育、国际中文教育推广、对外人文交流等方面形成了鲜明的学科特色,取得了显著的绩效,提升了文学院办学的国际化水平,扩大了面向东盟地区、部分欧美和亚太国家的影响力。由于文学院和国际交流处/国际文化教育学院等单位的共同努力,2016 年至 2021 年,广西师大在东帝汶、泰国等国家建立了 12 个"广西师范大学汉语文化中心",形成国际中文教育的实习基地(50 余个)、中国语言文化的推广基地和国际学生的主要生源地。与此相应,文学院国际中文教育学科成为面向东南亚汉语国际教育人才培养的重要基地,为东南亚国家培养了大批汉语人才。

由于文学院和国际交流处/国际文化教育学院的不断进取,广西师大的国际交流与合作逐渐发展成为特色和亮点。2006 年以后,在教育部中外语言交流合作中心的支持下,广西师大充分发挥国际教育合作的优势,与泰国宋卡王子大学、印尼玛琅国立大学、越南河内大学共建了三所孔子学院。广西师大于 2017 年成为"国务院侨务办公室华文教育基地",2019 年成为教育部首批"国家语言文字推广基地",2021 年成为中国侨联"中国华侨国际文化交流基地"。至今为止,广西师大共选派 500 多名国际中文教师志愿者到 30 多个国家的大中小学从事中文教学工作。

与此同时,文学院国际中文教育学科在汉语国际推广和中国文化传播方面取得了显著成果,成为中国—东盟文化交流的重要窗口。韩明老师努力拼搏,积极进取,带领学科成员不断创造佳绩。2015 年文学院的汉语国际教育专业入选广西壮族自治区级(以下简称自治区级)优势特色本科专业,2021 年入选自治区级一流本科专业建设点。"对外汉语教学法"课程于 2017 年入选自治区在线开放课程建设与应用计划立项项目,2019 年入选自治区级一流课程,2020 年入选首批国家级一流本科课程。韩老师主持完成的教学成果"汉语国际教育专业'双核四驱'人才培养模式的创新与实践"荣获广西高等教育自治区级教学成果奖一等奖。韩老师作为首席专家完成教育部学位与研究生教育发展中心所属的中国专业学位案例中心 2022 年度主题案例项目"数字人文赋能中华文化的现代阐释及其国际传播",项目成果收录入库。

本文以粗线条勾描韩明老师的教学研究历程,以期反映我们教研室三十年来学科建设的部分轮廓,体现我们专业的一些发展线索。对于国内这一学科的细小局部研究和具体个案剖析,希望能够提供一些第一手资料,保存一点实践经验素材。

袁　柳